西南联大汉语课

青少版

罗常培 等/著

天地出版社 | TIANDI PRESS

图书在版编目（CIP）数据

西南联大汉语课：青少版 / 罗常培等著. -- 成都：天地出版社, 2025. 5. -- ISBN 978-7-5455-6871-4

Ⅰ. H1–49

中国国家版本馆CIP数据核字第2025RU5920号

XINANLIANDA HANYUKE（QINGSHAO BAN）

西南联大汉语课（青少版）

出 品 人	杨　政
作　　者	罗常培 等
责任编辑	孙若琦
责任校对	张月静
封面设计	刘　洋
内文排版	谢　彬
责任印制	王学锋
出版发行	天地出版社
	（成都市锦江区三色路238号 邮政编码：610023）
	（北京市方庄芳群园3区3号 邮政编码：100078）
网　　址	http://www.tiandiph.com
电子邮箱	tianditg@163.com
经　　销	新华文轩出版传媒股份有限公司
印　　刷	河北鑫玉鸿程印刷有限公司
版　　次	2025年5月第1版
印　　次	2025年5月第1次印刷
开　　本	710mm×1000mm　1/16
印　　张	13.75
字　　数	220千字
定　　价	42.00元
书　　号	ISBN 978-7-5455-6871-4

版权所有◆违者必究

咨询电话：（028）86361282（总编室）
购书热线：（010）67693207（营销中心）

如有印装错误，请与本社联系调换。

编者的话

西南联大只存在了八年时间，却培育了两位诺贝尔奖得主、五位中国国家最高科学技术奖得主、八位"两弹一星"功勋奖章得主、一百七十多位中国科学院院士和中国工程院院士。这是中国教育史上的传奇。传奇的缔造并非偶然，而是源于强大的师资力量和自由的教学风气。

西南联大成立之时，虽然物资短缺，没有教室、宿舍、办公楼，但是有大师云集。闻一多、朱自清、张荫麟、罗庸等大师用他们富足的精神、自由的灵魂、独特的人格魅力以及深厚的学识修养，为富有求知欲、好奇心的莘莘学子奉上了凝聚着自己心血的课程。

闻一多的唐诗课、张荫麟的历史课、朱自清的文学课……无一不在民族危难的关头闪耀着智慧的光芒，照亮了求知学子前行的道路，为文化的继承保存下了一颗颗小小的种子，也为民族的复兴带来了希望。

时代远去，我们无能为力；大师远去，我们却可以把他们留下的精神和文化财富以文字的形式永久留存。这既是大师们留下的宝贵财富，也是我们应该一直继承下去的文化宝藏。

为此，2020年编者特别策划了"西南联大通识课"丛书，从文学、国史、哲学、诗词、文化、古文、国学等七个方面展现西南联大的教育精神和大师风貌，以及中华民族的文化与思想特点。出版之后，"西南联大通识课"丛书受到社会各界读者的好评。还有很多读者认为这套丛书的内容十分适合用来培养青少年的国学修养，可以帮助青少年深入接触、了解和传承中华优秀传统文化。为此，编者特意在"西南联大通识课"丛书的基础上，策划了这套"西南联大通识课（青少版）"丛书，致力于让青少年读者无壁垒接触西南联大通识课程，感受大师们的智慧，感悟传统文化的魅力。

"西南联大通识课（青少版）"丛书精选更贴合青少年学习的汉语、文化、写作等方面的内容，通过旁批的形式进行注释，所注内容包括但不限于生僻字注音、解释，古汉语解释，文言文翻译，文学常识，文史知识，编者勘误等内容，又增加了"延展阅读"版块，拓展相关阅读，帮助青少年读者将知识融会贯通。

本书讲"汉语课"。所选的各篇文章，在内容的侧重和表述方式上有很大的不同，这是各位先生在教学和写作风格上各有千秋的结果。这一点，不仅体现了先生们各自的写作特点，更体现了西南联大学术上的"自由"，以及教学上的"百花齐放"。

在整理文章时，编者依旧秉持既忠实于西南联大课堂，又不拘泥于课堂的原则：有课堂讲义留存的，悉心收录；未留存有在西南联大任教时的讲义，而先生们在某一方面的研究卓有成就的亦予以收录，如本书所选罗常培先生的文章，除《古今音韵变迁大势》之外，皆是他在西南联大任教期间发表的文章；还有一部分文章是先生们在西南联大教授过的课程相关内容，但内容不一定为在西南联大期间所写，如本书所选唐兰先生的文章，虽出版于1949年，但吸纳了他在西南联大时所任"古文字学研究"等课的内容，故予以收录。在此基础上，本书选取文章时还充分考虑青少年读者的知识储备、阅读的广度和难度，以及学校课程的安排等多方面因素，力求通过这些作品让青少年了解传统文化，提升国学素养。

按照上述选篇原则，编者选择了罗常培、唐兰、张清常、王力、朱自清等五位先生的十七篇作品，以他们现存作品中较为完整的全集类作品或较为权威的单本作品作为底本。这些底本不但能保证本书的权威性，也能将先生们的作品风貌原汁原味地呈现出来。

因时代不同，有些提法或者观点虽然现今多已不再使用，编者还是

编者的话

予以保留；同时，每个人的写作习惯以及每篇文章的体例、格式等亦有不同，为保证内容的可读性、连续性以及文字使用的规范性，编者在尊重并保持原著风格与面貌的基础上，进行了仔细编校，纠正讹误，统一体例，仅保留少数异体字。具体如下：

1. 原文中作者自注均统一为随文注，以小字号进行区分；旁批均为编者所加注释。

2. 因篇幅限制，部分文章只能节选，对这些节选的内容，编者皆在标题后加"（节选）"予以说明。

3. 编者对部分原文标题重新进行了处理，如第二课唐兰先生的《文字的构成（节选）》，内容选自《中国文字学》，将书中《六书说批判》《三书》两篇合为一篇，并选用书中对应的章节标题作为本篇标题。

4. 文中数字，皆在遵守数字用法规范的前提下，兼顾了局部体例的统一。

5. 为保证旁批内容的准确性，编者参考了许多权威工具书，如《辞海》《辞源》《中国古今地名大词典》等，书中不再一一列出。

6. 文中表示时间的数字皆改为阿拉伯数字。为保持全书体例一致，编者对书中表示公元纪年的方法也进行了统一处理。正文皆保持原貌。随文注中，表示时间段的，统一以"前×××—前×××"或"×××—×××"表示；表示时间点的，则统一以"公元前×××年"或"公元×××年"表示。旁批和"延展阅读"版块中，表示时间段的，统一以"前×××—前×××"或"×××—×××"表示；表示时间点且用于对照中国历史纪年的，统一以"前×××"或"×××"表示；单独表示时间点的，则统一以"前×××年"或"×××年"表示。

7. 因时代语言习惯不同造成的差异，编者对正文中除姓名、引文外的文字做了统一，如"惟""傅会""利害""想像""那末""无需""折衷""起原""莫明其妙""工夫""反覆""踰""凭藉""展转""型式""简截""回光反照""摹仿""摹拟""原素""床版"等词皆分别改为现今通用的"唯""附会""厉害""想象""那么""无须""折中""起源""莫名其妙""功夫""反复""逾""凭借""辗转""形式""简洁""回光返照""模仿""模拟""元素""床板"等词。另外，编者按现今语法规范，修订了"的""地""得"，"做""作"，"决""绝"，以及"那""哪"的用法。旧时所用异体字则绝大部分改为规范字。

8. 为提高青少年读者的阅读体验，编者根据2012年开始实施的《标点符号用法》，对部分原文标点符号略作改动，以统一体例，如"《世本》、《史记》"改为"《世本》《史记》"，"'人未余'、'立早章'"改为"'人未余''立早章'"。

9. 为方便青少年读者了解相关作品，编者在"延展阅读"版块中收录了不同类型的作品，并对以文言为主的作品统一加上了译文，以便于青少年读者阅读。

希望本书有助于青少年读者加深对汉语基础知识的理解和领略几位先生在专业领域的学术风采；同时，更希望本书能够唤起青少年读者对西南联大的兴趣，更多地去了解这所在民族危亡之际仍坚守教育、传播中华优秀传统文化的大学，让中华优秀传统文化代代相传、生生不息。由于编者能力有限，书中难免有疏漏和错讹，欢迎并感谢读者们批评指正。

目录

第一课　语　音

汉字的声音是古今一样的吗
主讲人　罗常培……………………………………………003

古今音韵变迁大势
主讲人　罗常培……………………………………………012

声调与四声
主讲人　罗常培……………………………………………022

误读字的分析
主讲人　罗常培……………………………………………032

第二课　汉　字

关于中国文字起源的传说
主讲人　唐　兰……………………………………………049

中国文字是怎样发生的
主讲人　唐　兰……………………………………………060

文字发生的时代
主讲人　唐　兰……………………………………………073

文字的构成（节选）
主讲人　唐　兰……………………………………………080

什么是演化
主讲人　唐　兰……………………………………………093

第三课　词　汇

字与词
主讲人　张清常 …………………………………………………… 101

字的次序与词的次序
主讲人　张清常 …………………………………………………… 110

词　类
主讲人　王　力 …………………………………………………… 123

国语运动的新方向
主讲人　罗常培 …………………………………………………… 139

第四课　句与文

句　子
主讲人　王　力 …………………………………………………… 151

论句子的主词及表句
主讲人　朱自清 ……………………………………………………160

文
主讲人　朱自清 ……………………………………………………171

新语言
主讲人　朱自清 ……………………………………………………197

第一课
语 音

汉字的声音
是古今一样的吗

主讲人 罗常培

咱们大家应该知道，汉字的形体，从甲骨文、金文，变到籀、篆、隶、楷，是古今不同的；那么，汉字的声音是不是古今一样的呢？明朝陈第说得好："时有古今，地有南北，字有更革，音有转移，亦势所必至。"又说："一郡之内，声有不同，系乎地者也；百年之中，语有递转，系乎时者也。"可见字音之有变迁也正和字形之有变迁一样。这不是空口说白话的，我现在从大家喜欢念的文学书里，搜罗些个实例来，好证明上面这个说法。例如：

"下"字《广韵》在马韵，胡雅切，可是《诗经·邶风·击鼓》拿"于林之下"和"爰居爰处"押韵❶；《凯风》拿"在浚之下"和"母氏劳苦"押韵；《大雅·绵》拿"至于岐下"和"率西水浒"押韵。"服"字《广韵》在屋韵，房六切，可是《周南·关雎》拿"寤寐思服"上韵"求之不得"，下韵"辗转反侧"；《楚辞·离骚》拿"非时俗之所服"下韵"依彭咸之遗则"。可见周代字

◆籀，zhòu，指籀文，也称"大篆"。

◆篆：指小篆，也称"秦篆"。

◆《广韵》：宋代官修韵书（分韵编排的字典），按韵把汉字分为二百零六部，"马韵"是韵部之一。

◆切：指反切法，用两个字合起来为另一个字注音的方法。胡雅切：古代韵书中常用"AB切"、"AB反"或"AB翻"的格式为汉字作切语，如此处用"胡"的声母和"雅"的韵母和声调为"下"字注音，其中"胡"为切上字，"雅"为切下字。

◆押韵：指诗词等韵文为使声韵和谐，在句末用同韵之字。

---

❶ 详见课后延展阅读：《击鼓》。

◆阿那：同"婀娜"，轻盈柔美貌。
◆澧，lǐ，此处通"醴"，甘美。
◆《南史·羊戎传》：应为《南史·羊玄保传》。
◆泚，cǐ。清泚：清澈。
◆体语：也称"双声语"，是受梵文拼音原理影响的产物。
◆儜，níng。
◆守温字母：唐末僧人守温仿照梵文创制汉语三十字母，宋时又增加六个字母，形成了汉语语音的三十六个声母。
◆纽：声母的别称。也称"声纽""声类"。
◆"呼十……因（阴）"：胡曾认为按照《广韵》，"十、石""针、真""阴、因"，本是三组异音字，但妻族方言中却把它们读作同音。
◆摄：相近韵部归并形成的大类。
◆"幺""又"：1918年公布的中国第一套法定的汉字形式的拼音字母中的两个韵母字母，分别相当于现代汉语拼音的韵母"ao"和"ou"。

音和《广韵》是不一样的。

"西"字《广韵》在齐韵，先稽切，可是汉朝王延寿的《鲁灵光殿赋》拿"芝兰阿那于东西"和"激芳香而常芬""历千载而弥坚""长与大汉而久存""保延寿而遗子孙""敦亦有云而不珍"押韵；嵇康《琴赋》拿"沙棠殖其西"和"玉澧涌其前""翔鸾集其巅""惠风流其间""密微微其清闲"押韵。就这个事实来推断，那么，"茜"字从"西"得声何以念作"倩"，也就可以明白了。可见汉魏时代的字音和《广韵》是不一样的。

《南史·羊戎传》把"官家、恨狭、更广、八分"，和"金沟、清泚、铜池、摇飏、既佳、光景、当得、剧棋"几句话的两个字算是双声"体语"；《洛阳伽蓝记》拿"是谁、宅第、过佳"，"凡婢、双声"，"儜奴、谩骂"几句话里的每两个字当作双声体语，"郭冠军家"，四个字当作双声体语。可是"八分""凡婢""铜池""宅第"，在守温字母既不属于一纽，"官家""恨狭""金沟""光景""剧棋""过佳"，在现代国音又分作两声，可见南北朝时候的字音和隋唐以降是不一样的。

《广韵》真侵和缉昔都不同韵，可是唐朝胡曾《戏妻族语不正》诗云："呼十却为石，唤针将作真。忽然云雨至，总道是天因（阴）。"可见唐朝时候的方音有的和《广韵》不一样。

还有"效""流"两摄本来有"幺""又"的分别，可是宋朝曾觌的《钗头凤》词拿"华灯闹，

第一课　语　音

银蟾照"和"万家罗幕香风透"押韵；刘过《辘轳金井》词拿"高阳醉，玉山未倒"和"看鞵飞凤翼钗褪微溜"押韵；陈允平《长相思》词拿"风萧萧，雨骚骚，风雨萧骚梧叶飘"和"潇湘江畔楼"押韵；拿"云迢迢，水遥遥"和"云水迢遥天尽头，相思心头秋"押韵。可见宋朝时候的方音有的和《广韵》不一样。❶

到了元朝以后，语音变得更厉害了。郑廷玉《惜别》词《怨别离》一折拿"感情风物正凄凄"，和"汾水碧"押韵，拿"归棹急"和"惊散鸳鸯相背飞"押韵；虞集《折桂令》拿"美乎周瑜妙术"和"悲夫关羽云殂"押韵。明朝徐渭的《渔阳弄油葫芦》一折，拿"第一来逼献帝迁都，又将伏后来杀"和"使郄虑去拿，唉！可怜那九重天子，救不得一浑家"押韵；康海《中山狼一半儿》一折拿"恰撞着胡缠厮迸这冤家，想着俺受怕担惊为甚咱"和"则这藏头露尾真没法，怎生把囊儿括，俺将他一半儿遮藏一半儿撒"押韵。这些个都是平入通押的例子，和唐宋的官修韵书绝不相同。至于现在民间俗曲的押韵，那就越发自由了。（参看我的《北平俗曲百种摘韵》）

◆郑廷玉：应为"朱庭玉"或"朱廷玉"，元散曲作家，生卒年不详。

◆虞集：元文学家，"元诗"四大家之一。

◆殂，cú，死亡。

◆《渔阳弄油葫芦》：《渔阳弄》即明文学家徐渭的杂剧《狂鼓史渔阳三弄》，《油葫芦》是元曲曲牌名。

◆郄，xì。

◆《中山狼一半儿》：《中山狼》是明康海所作杂剧，《一半儿》是元曲曲牌名。

◆平入通押：古代声调分为平、上、去、入四种，平入通押即平声字和入声字可以互相押韵。

---

❶ 《广韵》的音韵可从李渔的《笠翁对韵》和车万育的《声律启蒙》这两本儿童声律启蒙读本中略窥一二。唐以后近体诗都押平声韵，南宋刘渊曾作"平水韵"，总体依照《广韵》，分平声为三十韵目，为后世诗人提供了重要的用韵依据。至清代，李渔、车万育以平声韵三十韵部中的常用字做韵脚编成联句，每句音韵对仗工整，读来朗朗上口。详见课后延展阅读：《上平一东》《一东》。

◆叶韵说：叶韵也作"叶音""叶句"等。南北朝人读前代韵文时，有时感到押韵不和谐，就改读韵脚以求和谐。唐时此说发展起来，到宋代大盛。

以上所举的这些个例，是想告诉大家说，中国的字音从古到今确乎经过好些个变化。咱们认清了这一点，对于宋朝吴棫所倡的"**叶韵说**"才不至于上当。自然，各时代的音韵特点绝不是几句话可以讲得完的，咱们先承认这个古今音异的事实，以后有工夫再慢慢谈一点儿细微的小问题。

（选自《罗常培文集》第7卷）

延展阅读

击 鼓
选自《诗经》

【原文】

击鼓其镗（tāng），踊跃用兵。
土国城漕，我独南行。
从孙子仲，平陈与宋。
不我以归，忧心有忡。
爰居爰处，爰丧其马。
于以求之？于林之下。
死生契阔，与子成说。
执子之手，与子偕老。
于嗟阔兮，不我活兮。

于嗟洵兮，不我信兮！

【译文】
战鼓擂得镗镗作响，战士们手持兵器积极奔赴战场。
有的人在国内修筑城墙，而我却要出征南方。
跟随孙子仲将军，去平息陈国与宋国的战乱。
却不让我回归故乡，这让我满心忧愁且心神不宁。
只得找地方住下来，由于军心涣散，连战马也丢失了。
到哪里去寻找它？原来在那树林之中。
生死离合，我和你曾经立下誓言。
我愿紧紧握住你的手，和你相伴直到白头到老。
唉，相隔如此遥远，我怕是难以活着回去与你重逢了。
唉，年长日久，不得相会，我恐怕要违背与你许下的诺言了。

上平一东
选自清车万育《声律启蒙》

一

云对雨，雪对风。
晚照对晴空。
来鸿对去燕，宿鸟对鸣虫。
三尺剑，六钧弓。
岭北对江东。

人间清暑殿，天上广寒宫。
两岸晓烟杨柳绿，一园春雨杏花红。
两鬓风霜，途次早行之客；一蓑烟雨，溪边晚钓之翁。

二

沿对革，异对同。
白叟对黄童。
江风对海雾，牧子对渔翁。
颜巷陋，阮途穷。
冀北对辽东。
池中濯足水，门外打头风。
梁帝讲经同泰寺，汉皇置酒未央宫。
尘虑萦心，懒抚七弦绿绮；霜华满鬓，羞看百炼青铜。

三

贫对富，塞对通。
野叟对溪童。
鬓皤（pó）对眉绿，齿皓对唇红。
天浩浩，日融融。
佩剑对弯弓。
半溪流水绿，千树落花红。
野渡燕穿杨柳雨，芳池鱼戏芰荷风。
女子眉纤，额下现一弯新月；男儿气壮，胸中吐万丈长虹。

一 东
选自清李渔《笠翁对韵》

其一

天对地，雨对风。
大陆对长空。
山花对海树，赤日对苍穹。
雷隐隐，雾朦朦。
日下对天中。
风高秋月白，雨霁晚霞红。
牛女二星河左右，参商两曜斗西东。
十月塞边，飒飒寒霜惊戍旅；三冬江上，漫漫朔雪冷渔翁。

其二

江对汉，绿对红。
雨伯对雷公。
烟楼对雪洞，月殿对天宫。
云叆（ài）叇（dài），日曈曈。
蜡屐对渔篷。
过天星似箭，吐魄月如弓。
驿旅客逢梅子雨，池亭人挹（yì）藕花风。
茅店村前，皓月坠林鸡唱韵；板桥路上，青霜锁道马行踪。

其三

山对海，华对嵩。
四岳对三公。
宫花对禁柳，塞雁对江鸿。
清暑殿，广寒宫。
拾翠对题红。
庄周谈幻蝶，吕望兆飞熊。
北牖（yǒu）当风停夏扇，南檐曝日省冬烘。
鹤舞楼头，玉笛弄残仙子月；凤翔台上，紫箫吹断美人风。

击鼓其镗,踊跃用兵

主讲人 罗常培

古今音韵变迁大势

◆前修：先哲，前代的贤人。

◆皮傅：肤浅。

◆"上古……求之"意为：上古时代韵书还没有兴起，要考证古代的音韵只能从古代有韵的文章、形声字以及古书中的异体字、通假字、用音同或音近的字来解释字义（音训）等方面交互参照来探求。

◆"且殷……古也"意为：殷商甲骨文虽然文字尚存，但是读音难以考证。出土的钟鼎彝器，也大多是周时的器物。因此，要探讨古音，应该从周初开始，不必过多谈论太过久远的古时了。

古今音异，前修已能言之。（参阅戴侗《六书故》、焦竑《笔乘》、陈第《毛诗古音考序》、陈第《读诗拙言》、钱大昕《音韵问答》、戴震《声韵考》等书中论古今音异各条。）然自三代以迄隋、唐，自隋、唐以至现代，其间变迁正多，概曰古今不同，尚嫌皮傅。故考音韵之变迁者，必须论世分期，以资比较。约而言之，周、秦为一时期（纪元前11世纪至前3世纪）；两汉为一时期（纪元前2世纪至2世纪）；魏、晋、南北朝为一时期（3世纪至6世纪）；隋、唐、宋为一时期（7世纪至13世纪）；元、明、清为一时期（14世纪至19世纪）；现代为一时期（20世纪）。其间区划，虽非判若鸿沟，而蝉蜕之迹，大齐不远。兹分述各期变迁之大势如下：

第一期 上古之世，韵书未兴，欲征古音，唯能就古韵文、谐声字及古书异文、通假、音训等项参互求之。现在韵文之可信者，以《诗经》为最古。前此之作，非出伪托，即感残缺；且殷契虽存，而音尚难征。出土吉金，亦多周器。故探讨古音，宜断自周初，未可侈言荒古也。清代学者，上据《诗经》《楚辞》之用韵，旁征《说文解字》[1]之谐声，钩稽参证，反复推求，对于此期古韵，曾经假定部居，阐明通转。并谓凡谐声字必与所从之声同韵，故视其偏旁以何字为声，即可知其音在某部。（参阅段玉裁《六书音均表》二。）创通义例，执简驭繁，考古之功，良不可没。然古韵音读若何？古方音有无歧异？古声纽能否构成系统？复辅音曾否存在？惜犹未能明也。吾人幸生前修之后，凭借较多，倘能旁考殊域方言，参证《切韵》系统，以补苴其所未备，则将来创获，或可轶乎清人之上欤？

第二期　周初字形，犹未变古，偏旁同异，视而可识。且朝聘会享，共操"雅言"（本章炳麟说）；别国方音，不登堂庙。故其时虽无韵书，而诗歌用韵，乃至赜而不可乱也。自战国以来，"诸侯力政，不统于王""言语异声，文字异形"（许慎《说文解字序》）。秦并天下，虽欲"书同文字""罢其不与秦文合者"（许慎《说文解字序》），而以统一期暂，成效未睹。降及汉初，废弃秦法，既不欲定秦音为国语，更未能复周音为雅言。驯至方音错出，漫无统纪。且自籀、篆变为隶、草，偏旁省减旧形，据形定音，亦失准则。于是文人用韵，各掺土风，出入甚宽，任情变易。故两汉音韵，至为混淆。如欲理其端绪，则诗赋韵读而外，经师音训，扬雄《方言》，皆为重要资料。洪亮吉之《汉魏音》，胡元玉之《汉音钩沉》，殊无若何

◆假定部居，阐明通转：设定古韵字的部类归属，阐释清楚各部类之间的语音联系。

◆段玉裁（1735—1815）：号懋堂，清文字训诂学家、经学家。清代《说文》四大家之首。

◆复辅音：一个音节内有多个辅音。

◆《切韵》：指隋代陆法言编撰的韵书。是中国最早的一部完整保留下语音系统的古代韵书。

◆轶：超越。

◆朝聘会享，共操"雅言"：在诸侯朝见天子、互相聘问、聚会、祭祀献享等重要场合，人们都会使用都城所在地区的语言作为标准语言。

◆政：通"征"。力政：以武力征伐。

◆扬雄（前53—18）：一作杨雄。西汉文学家、语言学家。所著《方言》是叙述西汉各地方言的著作。

---

[1] 详见课后延展阅读：《〈说文解字〉第一（节选）》。

贡献也。

　　第三期　反切未兴以前，标注字音，唯赖"读若""直音"，以资譬况。然"或无同音之字，则其法穷；虽有同音之字，而隐僻难识，则其法又穷"（陈澧《切韵考》卷六）。自汉末经师创制反切，比合二字，以切一音，文字音读，乃无弗显。❶及反切日多，势须汇集，于是"魏时有李登者，撰《声类》十卷，凡一万一千五百二十字，以五声命字"（封演《闻见记》）；晋吕忱"弟静别放故左校令李登《声类》之法，作《韵集》五类，宫商角徵羽各为一篇"（《魏书·江式传》），是为韵书成立之始。自兹而后，王延《文字音》、段弘《韵集》、李概《音韵决疑》《音谱》、王该《五音韵》、释静洪《韵英》、周研《声韵》、杨休之《韵略》、杜台卿《韵略》、潘徽《韵纂》等（见《隋书经籍志》及《切韵序》），乃风起云涌，接踵而兴。且自齐梁之际，周颙、沈约定"平""上""去""入"为四声，颙作《四声切韵》，约作《四声谱》以为之倡（参阅《齐书·陆厥传》《梁书·沈约传》《南史·周彦伦传》及封演《闻见记》等书），于是王斌《四声论》（见《南史·陆厥传》）、张谅《四声韵林》（见《隋书经籍志》）、刘善经《四声指归》（见《隋书经籍志》及《文学传》）、夏侯咏《四声韵略》（见李涪《刊误》，《切韵序》"咏"误为"该"）等，闻风慕扇，转相祖述。韵书组织，复为少变。夫韵书之根据在反切，韵书

◆ "反切……又穷"意为：在反切注音法还没有兴起之前，标注字音只能依靠"读若"和"直音"的方法，作为近似的说明。然而，"如果没有同音的字，那么这种方法就行不通了；即使有同音的字，但如果这个字很生僻难以认识，那么这种方法又行不通了。"读若"和"直音"是用同音字或近音字给被注字注音的方法，如"珣读若宣""毕音必"。

◆ 《声类》：中国最早的古代韵书，三国魏李登著，今已失传。

◆ "晋吕……之法"意为：西晋语言学家吕忱之弟吕静曾模仿左校令（官职名）李登的《声类》体例。

---

❶ 详见课后延展阅读：《反切的起源》。

之特色在四声，二者既并于是期诞生，则韵书之规模已具。唯前举诸书，今并散佚，声韵类别，无从考见。若能理董六朝韵文，参证原本《玉篇》及《经典释文》中诸家反切，则索隐钩沉，或可明其真相也。

第四期　魏、晋以降，韵书蜂出，各依土风，递相非笑。隋既统一，陆爽、刘臻、颜介、萧该等，尝欲折中南北，免其乖互。于是陆词述其父执之议，论定"南北是非，古今通塞""捃选精切，除削疏缓"（见《切韵序》），修集《切韵》五卷，分部一百九十有三。厥后《唐韵》《广韵》《集韵》等，虽皆增加文字，改定部居，而于法言定韵之旨，并沿用未改。故《切韵》《唐韵》虽已残佚，犹可于《广韵》《集韵》中得其梗概。然法言列韵有则，而次声无序，七音之辨，非所深求。唯象教东来，始自后汉，释子迻译梵策，兼理"声明"（Sabdavidyā），影响所及，遂启反切之法。降及唐末，沙门守温复归纳切韵反切，增损梵、藏体文，定为华音三十母。其后宋人复增益六母，始见终日，条理井然……❶惜《广韵》《集韵》遵循陆法，犹未能如《五音集韵》之改定声母次第耳。

第五期　辨析声韵之精密，至前期已臻其极。唯以古今南北，音系复杂，一地一时，鲜能共喻。唐初属文之士，已以先、仙、删、山之类分为别韵，未免苛细，于是许敬宗等详议，以其韵窄奏合

❶ 此处有删减。

◆《经典释文》：唐陆德明撰。书中考证了大量古代经籍注音，引用了汉魏六朝二百余家的音切，是研究唐代以前汉语语音的重要参考文献。

◆陆爽：北朝著名学者，生卒年不详。现一般认为，是其子陆法言与刘臻、颜介（颜之推）、萧该等八位学者讨论音韵问题。后来陆法言编撰《切韵》也是在此大纲基础上。

◆《唐韵》：唐孙愐为陆法言《切韵》增字加注而作韵书。

◆《集韵》：宋代官修韵书。

◆次声无序：排列声母却没有秩序。

◆象教：佛教的别称。

◆迻，yí，翻译。

◆声明：梵语音译，是印度古代研究语言的学问。

◆《五音集韵》：金朝韵书，韩道昭著。书中除改革韵部外，还按照声母类别分开排列，并注明等次。书名中的"五音"，指的是声母类别，即喉音、牙音、舌音、齿音、唇音。

◆ 同用、独用之说："同用"指允许韵书中一些窄韵和相邻的韵一起押，"独用"与之相对。

◆ 童牛角马：没有角的牛和长了角的马，比喻违背常理，不存在的事情。

◆ 北曲：金元时北方戏曲、散曲所用各种曲调的统称。

◆《中原音韵》：元代韵书，周德清撰。根据元代北曲用韵，是北音研究的开拓之作。

◆《洪武正韵》：明代官修韵书，书中兼具"中原雅音"与南方方音。

◆ 扞，hàn。扞格：互相抵触，格格不入。

◆ 利玛窦、金尼阁：明末传教士。二人的"利金二氏方案"是最早的自成体系的汉语拼音方案。

◆ 邮政式（Post System）及威妥玛式（Wade System）：早期应用于使馆外交与邮政公务的罗马字注音汉字方案。

而用之。自尔遂有同用、独用之说。及宋修《集韵》复用贾昌朝言，改并《广韵》独用者十三处，许令通用。其后刘渊、阴时夫之流，遂就许、贾所定同用之韵加以删并。然童牛角马，不古不今，考古审音，两无所是，殊不足以征音变也。及元朝御宇，奠都燕京，政枢既移朔方，文学复重北曲，于是《中原音韵》乘时而兴。降至明初，更据此以修《洪武正韵》，六百年来，遂为官音所宗。至于泥古文人，据刘、阴之失而妄诋《正韵》者，"虽时时争持于纸上，实则节节失败于口中"（用吴稚晖《论注音字母书》中语）而已！

第六期 自直音进为反切，标音之术，以渐精详。徒以单音汉字，音素不明，韵既包声，声亦含韵，以之作切，则非心知其意者，殊病扞格。明季耶稣会士利玛窦、金尼阁等传教东来，始用罗马字母拼切汉字，以便研习。（参阅拙著《耶稣会士在音韵学上的贡献》，载中央研究院历史语言研究所《集刊》第一本第三分）其后旅华西人，续有制作，而以邮政式（Post System）及威妥玛式（Wade System）最为通行。国内病汉字之不良者，如朱文熊、刘孟扬、黄虚白、刘继善、钱玄同、赵元任、周辨明诸人，亦并闻风兴起，各创新制。又近六十年来，忧国之士以为教育不振，由于文字繁难。于是蔡锡勇、王炳耀、沈学、卢戆章、王照、劳乃宣、章炳麟、陈振先等相继创造简字，或欲改良反切，或欲代替汉文，虽皆未克推行，而颇极一时之盛。（参阅拙著《国音字母演进史》，商务印书馆出版。）厥后教育部于

第一课 语音

1918年11月23日公布之注音字母，即为后一潮流之结晶；1928年9月26日公布之国语罗马字，即自前一潮流所孳衍。故注音字母虽诞生于近四十年间，若溯其源流，固已胚胎于三百年前，而孕育经数十年之久矣。

此六期者，二期可附一期之末，三期可冠四期之前。若加之称谓，以便指说，亦可分为古音时期、韵书时期、北音时期、音标时期四段。至于各期声韵特征，当于下编分别论之。

（选自《罗常培文集》第3卷）

◆1928年9月26日公布之国语罗马字：即《国语罗马字拼音法式》，民国第一个法定拉丁字母式样拼音方案。

◆孳，zī。孳衍：滋生繁衍。

延展阅读

《说文解字》第一（节选）
朱自清

东汉和帝时，有个许慎，作了一部《说文解字》。这是一部划时代的字书。经典和别的字书里的字，他都搜罗在他的书里，所以有九千字。而且小篆之外，兼收籀文"古文"；"古文"是鲁恭王所得孔子宅"壁中书"及张仓所献《春秋左氏传》的字体，大概是晚周民间的别体字。许氏又分析偏旁，定出部首，将九千字分属五百四十部首。书中每字都有说解，用晚周人作的《尔雅》，扬雄的《方言》，以及经典的注文的体例。这部书意在帮助人通读古书，并非只供通俗之用，和秦代及西汉的字书是大不相同的。它保存了小篆和一些晚周文字，让后人可以溯源沿流；现在我们要认识商、周文字，探寻汉以来字体演变的轨迹，都得凭这部书。而且不但研究字形得靠它，研究字音、字义也得靠它。研究文字的形、音、义的，以前叫"小学"，现在叫文字学。从前学问限于经典，所以说研究学问必须从小学入手；现在学问的范围是广了，但要研究古典、古史、古文化，也还得从文字学入手。《说文解字》是文字学的古典，又是一切古典的工具或门径。

《说文序》提起出土的古器物，说是书里也搜罗了古器物铭的文字，便是"古文"的一部分。但是汉代出土的古器物很少，而拓墨的法子到南北朝才有，当时也不会有拓本；那些铭文，许慎能见到的怕是更少。所以他的书里还只有秦篆和一些晚周民间书，再古的可以说是没有。到了宋代，古器物出土的多了，拓本也流行了，那时有了好些金石、图录考释的书。"金"是铜器，铜器的铭文称为金文。铜器里钟鼎最是重器，所以也称为钟鼎文。这些铭文都是记事的。而宋以来发现的铜器大都是周代所作，所以金文多是两周的文字。清代古器物出土的更多，而光绪二十五年（公元一八九九）河南安阳发现了商代的甲骨，尤其是划时代的。甲是龟的腹甲，骨是牛胛骨。商人钻灼甲骨，以卜吉凶，卜完了就在上面刻字纪录。这称为甲骨文，又称为卜辞，是盘庚（约公元前一三〇〇）以后的商代文字。这大概是最古的文字了。甲骨文，金文，以及《说文》里所谓"古文"，还有籀文，现在统统算作古文字，这些大部分是文字统一以前的官书。甲骨文是"契"的，金文是"铸"的。铸是先在模子上刻字，再倒铜。古代书写文字的方法，除"契"和"铸"外，还有"书"和"印"，因用的材料而异。"书"用笔，竹、木简以及帛和纸上用"书"。"印"是在模子上刻字，印在陶器或封泥上。古代用竹、木简最多，战国才有帛，纸是汉代才有的。笔出现于商代，却只用竹木削成。竹木简、帛、纸，都容易坏，汉以前的，已经荡然无存了。

反切的起源
罗常培

反切的起源很早，但用它来标注字音却从汉魏之交才开始的。古语里用两个声音合成一个字的很多，例如"不可"为"叵（pǒ）"，"何不"为"曷"，"如是"为"尔"，"而已"为"耳"，"之矣"为"只"，"之乎"为"诸"，"之焉"为"旃（zhān）"，都是慢声为二字，急读为一音的。

经传里的名物也有许多是"反切语",例如:"蒺(jí)藜(lí)"为"茨","瓠(hú)芦"为"壶","鞠(jū)穷"为"芎(xiōng)","丁宁"为"钲(zhēng)","僻倪"为"陴","奈何"为"那","句渎"为"穀","邾(zhū)娄"为"邹","明旌"为"铭","终葵"为"椎","大祭"为"禘(tì)","不律"为"笔","令丁"为"铃","鹡鸰"为"鸠",像这类的例子,不胜列举。(参看顾炎武《音论》卷下页十至十三)可见反切的原理古人一定懂得,不过,任其自然,羼(chàn)入语言,未必用它注音罢了。用反切来标注字音,颜之推、陆德明和张守节都说它是魏秘书孙炎所创始的。其实,据章炳麟考证,汉末应劭已作反切。(《汉书·地理志》广汉郡"梓潼"下,应劭注:"沓水所出,南入垫江,垫音徒浃反",辽东郡"沓氏"下,应劭注:"潼水也,音长答反。"参看《国故论衡·音理论》)可见汉人并非绝对不作音的。大约汉末经生为音释经文的需要,已经逐渐采用这种方法了。至于反切创始时是否受了印度文化的影响,在没有发现确证以前咱们还不便悬揣。

许慎像

主讲人 罗常培

声调与四声[1]

◆刘复：即刘半农（1891—1934），名复，中国近代诗人、语言学家。发明了声调推断尺，提倡用实验的方法研究语音。

◆以气类相推毂：因为气味相投而相互推荐。

◆"以平……鹤膝"：指沈约提出的关于诗歌声律的"四声八病说"。四声即"平上去入"四种声调；八病即作诗时在格律方面应当注意的八种弊病——平头、上尾、蜂腰、鹤膝、大韵、小韵、旁纽、正纽。

◆永明体：严格遵照四声八病之说而形成的新诗体。强调声韵格律，是后世格律诗的雏形。

◆唱导：讲经说法。

〔声调之定义〕声音之构成由于弹性物体之颤动（vibration）。在一定时间内，颤动次数（frequency）多者，则其音"高"；反之，则其音"低"。此种"高""低"之差别，在物理学及乐律学中谓之"音高"（pich），在语言学及音韵学中则谓之"声调"（tone or intonation）。汉字之分"四声"，即由"声调"有高低抑扬之异也。（刘复《四声实验录》，中文本，页四至六十一、九至二十。）

〔平上去入之起源〕以"平上去入"为四声，自齐梁之际始。《南史·陆厥传》云："永明末，盛为文章。吴兴沈约、陈郡谢朓、琅邪王融，以气类相推毂。汝南周颙善识音韵。约等文皆用宫商，以平上去入为四声。以此制韵，平头上尾，蜂腰鹤膝，五字之中音韵悉异，两句之内角徵不同，不可增减，世呼为'永明体'。……时有王斌者，不知何许人，著《四声论》，行于时。斌初为道人，博涉经籍，雅有才辩，善属文，能唱导。"（《南史》四十八，《南齐书》五十二同）《梁书·沈约传》云：

---

[1] 节选自《从"四声"说到"九声"》，题目为编者所加。

"约撰《四声谱》，以为在昔词人累千载而不悟，而独得胸衿，穷其妙旨，自谓入神之作。高祖雅不好焉，尝问周舍曰：'何谓四声？'舍曰：'天子圣哲是也'。然帝竟不遵用。"（《梁书》十三，《南史》五十七同）又《庾肩吾传》云："齐永明中，王融、谢朓、沈约文章始用四声，以为新变。至是转拘声韵，复逾于往时。"（《梁书》四十九，《南史》五十同）究其功用，唯在错综字调之低昂，以和谐文辞之节律而已。陈寅恪先生近作《四声三问》，其一谓四声之数与转读佛经之声调有关。盖以天竺围陀之声明论，依声之高低，分"声"savara为三，一曰udātta，二曰svarita，三曰anudātta。其所谓声者，适与中国四声之所谓声者相类似。佛经输入中国，其教徒转读经典时，此三声之分别当亦随之输入。当时中国文士依据及模拟当日转读佛经之声，分别定为平上去之三声。合入声共计之，适成四声。于是创为四声之说，并撰作声谱，借转读佛经之声调以应用于中国之美化文。其二谓四声说所以成于南齐永明之世，创自周颙、沈约之徒者，盖由南齐武帝永明七年二月二十日竟陵王子良大集善声沙门于京邸，造经呗新声；而萧衍、沈约、谢朓、王融、萧琛、范云、任昉、陆倕等又同在"竟陵八友"之列。于是善声沙门与审音文士交互影响，遂创为声调新说。其三谓宫商角徵羽五声关于声之本体，平上去入四声关于声之实用。论理则指本体以立说，举五声而为言；属文则依实用以遣词，分四声而撰谱：盖犹同光朝士所谓"中学为体，西学为

◆衿：同"襟"。

◆天子圣哲是也：指"天子圣哲"这四个字代表了平上去入四声。

◆《四声三问》：历史学家陈寅恪论述四声问题的文章。文中以自问自答的形式，解释了四声研究的三个重要问题。其一，为什么是四声；其二，四声形成于什么时期；其三，四声说与"宫商角徵羽"五声说之间是什么关系。

◆围陀：梵语音译，今译为"吠陀"，意为"知识"。是印度最古的宗教文献和文学作品的总称。

◆南齐武帝永明七年：即489年。

◆呗：梵语，意译为赞叹。经呗新声：歌咏、赞叹经文的新声调。

◆宫商角徵羽五声：也称"五音"，中国五声音阶中的宫、商、角、徵、羽五个音级。

◆同光朝：指清朝同治年间（1862—1874）、光绪年间（1875—1908）。

023

◆释：释迦牟尼的简称。僧人皆从佛姓而称释。

◆"案……然乎？"："平上去入"和"宫商角徵羽"有对应关系，但是因为"平上去入"有四个，"宫商角徵羽"有五个，不能一一对应，而北齐太子舍人李概（字季节）以《周礼》证明"商"不合律，使"平上去入"和"宫商角徵羽"的对应关系得以明确。

◆衍文：因缮写、刻版、排版等错误而多出来的字或句子。

◆律吕：泛指乐律或音律。

◆"以……者乎？"大意为：凭借这些使众多字音相互协调一致，来推求各类字音的配合规律，没有什么是做不到的。难道其中蕴含的道理是从古至今一直被隐藏着，而未曾被先前那些有悟性的人发现的吗？

用"之意也。（《清华学报》第九卷第二期，页二七五至二八七）其持论之精辟，实足以发千余年来未睹之秘，释文化史上久蓄之疑。然以声调判别义类，乃汉语之一特质，平上去入之名虽定于周沈，而声调之实则非肇自齐梁。当魏晋之际，李登《声类》既以"五声命字"，吕静《韵集》复分"宫商角徵羽各为一篇"。（见封演《闻见记》及《魏书江式传》）他如陆机明"声音之迭代，"（陆机《文赋》云："暨音声之迭代，若五色之相宣。"）范晔别宫商之重轻，（范晔《狱中与诸甥侄书》以自序云："性别宫商，识清浊，斯能适轻重，济艰难。古今文人多不相了此处，纵有会此者，不必从根本中来。"）并与四声之论，异名同实。日释空海《文镜秘府论调声》节下引元民（兢）曰："声有五声，角徵宫商羽也。分于文字四声，平上去入也。宫商为平声，徵为上声，羽为去声，角为入声。"又引刘善经《四声论》（《隋书·经籍志》及《文学传作四声指归》）云："齐太子舍人李季（原脱）节知音之士，撰《音韵（原作谱）决疑》其序云：'案《周礼》，凡乐圜钟为宫，黄钟为角，太簇为徵，姑洗为羽，商不合律，盖与宫同声也。五行则火土同位，五音则宫商同律，暗与理合，不其然乎？吕静之撰《韵集》，分取无方；王微（原作徵）之制《鸿宝》，咏歌少验。平上去入，出行闾里，沈约取以和声，〔之〕（衍文）律吕相合。窃谓宫商徵羽角即四声也，羽读括羽之羽。以（原作亦）之和同，以推（原作拉）群音，无所不尽。岂其藏理万古而未启（原作改）于先悟者乎？'往每见当此文

第一课 语音

人论四声者众矣，然其以五音配偶，多不能谐；李氏忽以《周礼》证明商不合律，与四声相配，便〔合〕（衍文）**恰然悬同**：愚谓钟蔡以还，斯人而已。"（原文多讹，从储皖峰、魏建功两君说校改，增"季"删"合"，易"改"为"启"则个人臆见也。魏君于所作《论切韵系的韵书》中亦引此文，但所见不同，读者可参阅之。魏文载《国学季刊》第五卷第三号及《十韵汇编》卷首）**然则，以"平上去入"与"宫商徵羽角"相配者，固不自段安节《琵琶录》、徐景安《乐书》始也。**（陈澧《切韵考·内篇·通论》页五云："若段安节《琵琶录》以平声为羽，上声为角，去声为宫，入声为商，上平声为徵；《玉海》载徐景安《乐书》以上平声为宫，下平声为商，上声为徵，去声为羽，入声为角。凌次仲《燕乐考》原谓其任意分配，不可为典要。是也。"）**故齐梁以前虽未必适有"四"声，声调之用亦不必专谐文律，而字音之早有高低抑扬，则固无容否认。且至四声之风气既成，文人编制韵书遂依其体系分类，较诸"声""韵"尤为重要，盖已成为汉语声音之元素矣。陈氏所以斤斤于"体""用"之分，但申"四声之说专主属文"一义者，亦恐引起读者之误会耳。**

〔古今声调之异〕[1]上古有无四声，说者尚无

◆ 恰然悬同：恰好遥相符合。

◆ "以……始也"：联系上下文，此处作者（罗常培）根据空海的著述，说明了在段安节《琵琶录》、徐景安《乐书》之前的南北朝时期，就已经有"平上去入"与"宫商徵羽角"相配的讨论了。又在自注中引用清人陈澧和凌廷堪（即凌次仲）的话加以旁证。

◆ "故齐……会耳"：联系上下文，此处作者（罗常培）认为，齐梁以前虽然未必有"平上去入"，但字音之早有高低抑扬，这一点是不容置疑的。等四声盛行之后，文人编制韵书都依此进行分类，甚至比"声""韵"更为重要，四声已经成为汉语的基本元素，陈寅恪之说以"体""用"之分是要强调四声专门用于创作文章，这就可能引起读者的误会。

---

[1] 本段阐述"古今声调之异"，主要围绕"上古有无四声"这个问题进行讨论，古今中外不同学者对此观点相异，尚无定论。现代汉语普通话字音的四声是由古四声演变而来的，分为阴平（一声）、阳平（二声）、上声（三声）、去声（四声）。古四声中的平声对应普通话中的阴平、阳平；上声、去声分别对应普通话中的上声、去声。普通话中没有入声，古四声中的入声被分散并入了普通话四声中。

◆ 顾炎武（1613—1682）：明清之际思想家。世称亭林先生。学问广博，在语言学方面，倡导文字训诂音韵研究，此后清代二百年，音韵文字学蓬勃发展。

◆ 洎，jì，等到。

◆ 侔，móu，齐、相同。与古不侔：与以前的不同。

◆ 江左：此处指代沈约等人。

◆ 闭口音：指带有双唇音"-m""-p"的各个韵。

◆ 臞，qú。

◆ 王念孙（1744—1832）：清音韵训诂学家。字怀祖，号石臞，著有《广雅疏证》《古韵谱》等。

◆ 黄季刚：即黄侃（1886—1935），字季刚，中国近现代音韵训诂学家、文学家。

◆ 牟应震：清人，晚年弃官归乡，闭门著书。《毛诗古韵考》出自他的《毛诗质疑》一书，共五卷。

定论。陈第《毛诗古音考》倡古无四声之说。（参阅《毛诗古音考》卷一，页二十七，《谷风》"怒"字注；及卷二，页三十三，《绸缪》"隅"字注。）顾炎武《音论》更演其旨曰："古人之诗……上或转为平，去或转为平上，入或转为平上去……故四声可以并用。"又谓"入为闰声"。（《音论》卷中，页十至十四）。江永附和顾说，称为"善之尤者"。（《古音标准》例言，页六）特两君于古今声调之异，犹未能明确言之耳。厥后段玉裁谓："周秦汉初之文，有平上入而无去。洎乎晋魏，上入声多转而为去声，平声多转为仄声，于是乎四声大备，而与古不侔。"（《六书音韵表》卷一，《古四声说》）孔广森谓："入声创自江左，非中原旧读。……自缉合等闭口音外，悉当分隶自支至之七部，而转为去声"。（《诗声类》卷一，页二）立说虽殊，而明古四声与今不同则一也。江有诰初亦从古无四声之说（初刻《音学十书》凡例），后作《唐韵四声正》乃谓："古人实有四声，特古人所读之声与后人不同。"（见《再寄王石臞先生书》）当时王念孙亦赞同其说。（见《王石臞先生遗文》卷四，页十八，《与江晋三书》）近人陈汉章复作《古声无去入辨》以驳段、孔。（《缀学斋初稿》卷三，页十六）。是古四声真相何若，犹聚讼未决也。蕲春黄季刚先生承诸家之后，撷众说之华，由所考古韵部居，断定"古无上去，惟有平入"。（《音略》略例）钱玄同先生初亦遵用之，继又采取段氏《古四声说》分出上声五部。（见所印古韵三十三部表）余近读牟应震《毛诗古韵

第一课　语　音

考》亦信古有上声之说，余别有文论之。（参阅拙著《读牟应震〈毛诗古韵考〉》，天津《益世报·读书周刊》，第四十二期）至德人孔好古（Conrady）谓汉语及台语（Thai）之声调乃由音组递减或消失而变成，非原始所有，（见Conrady: Eine Indochinesische Causativ-Denominativ Bildung and ihre Zusammensetzung mit den Ton-Accenten.Leipzig, 1896.），则须印支语比较研究进展后始克证明，今可存而不论也。

〔四声之性质〕关于四声之性质，旧来说者每以"长短，轻重，缓急，疾徐"为言，笼统模糊，迄无的解！如唐释处忠《元和韵谱》曰："平声哀而安，上声厉而举，去声清而远，入声直而促。"明释真空《玉钥匙歌诀》曰："平声平道莫低昂，上声高呼猛烈强，去声分明哀远道，入声短促急收藏。"顾炎武《音论》曰："平声轻迟，上去入之声重疾。"清江永《音学辨微》曰："平声音长，仄声音短；平声音空，仄声音实；平声如击钟鼓，仄声如击土木石。"❶张成孙《说文谐声谱》曰："平声长言，上声短言，去声重言，入声急言。"段玉裁《与江有诰书》曰："平稍扬之则为上，入稍重之则为去。"——或则望文生训，或则取譬玄虚，从兹探求，转滋迷惘！近人能确指四声之性质者，当首推刘半农、赵元任两先生。刘氏以为：声音之断定，不外"高低""强弱""长短""音

◆台语：也称"侗台语"，属于汉藏语系，分布在中国和泰国、老挝、缅甸、越南等国。

◆印支语：通用名称为"汉藏语系"，其语种和分类不一，美籍华人语言学家李方桂认为可分为汉语、藏缅语族、苗瑶语族和侗台语族。作者（罗常培）也支持这一观点。

◆仄声：包括古四声的上、去、入三声，与之相对的是平声。近体诗声律要求平仄交错，以使音调抑扬顿挫，节奏变化多端，增加诗歌的韵律美。

◆望文生训：也称"望文生义"，指不推求词语的真正含义，只根据字面意义臆测，作出附会的解释。

---

❶ 关于古四声与平仄的对照关系和近体诗的平仄规律，详见课后延展阅读：《〈唐诗三百首〉指导大概（节选）》。同时附两首近体诗以供品鉴，详见课后延展阅读：《春望》《早发白帝城》。

027

质"四端。四声与强弱绝不相干；与长短、音质间有关系，亦不重要。其重要元素唯高低一项而已。然此种高低是复合的而非简单的；且复合音中两音彼此之移动，是滑的，而非跳的：此即构成四声之基本条件也。(《四声实验录》，中文本，页十九至二十、四十八至五十三)。赵氏以为：一字声调之构成，可以此字之音高与时间之函数关系为完全适度之准确定义；如画成曲线，即为此字调之准确代表。(《中国语言字调的实验研究法》，《科学》七卷九期)自此两说出，而后千余年来之积疑，乃得一旦豁然，诚审音之大快事也！

（选自《罗常培文集》第7卷）

延展阅读

《唐诗三百首》指导大概（节选）
朱自清

近体诗的声调却有一定的规律；五七言绝句还可以用古体诗的声调，律诗老得跟着规律走。规律的基础在字调的平仄，字调就是平上去入四声，上去入都是仄声。五七言律诗基本的平仄式之一如次：

五律

仄仄平平仄　平平仄仄平
平平平仄仄　仄仄仄平平
仄仄平平仄　平平仄仄平
平平平仄仄　仄仄仄平平

七律

平平仄仄仄平平　仄仄平平仄仄平
仄仄平平平仄仄　平平仄仄仄平平
平平仄仄平平仄　仄仄平平仄仄平
仄仄平平平仄仄　平平仄仄仄平平

即使不懂平仄的人也能看出律诗是两组重复、均齐的节奏所构成，每组里又自有对称、重复、变化的地方。节奏本是异中有同，同中有异，律诗的平仄式也不外这个理。即使不懂平仄的人只默诵或朗吟这两个平仄式，也会觉得顺口、顺耳；但这种顺口、顺耳是音乐性的，跟古体诗不同，正和语言跟音乐不同一样。律诗既有平仄式，就只能有八句，五律是四十字，七律是五十六字——排律不限句数，但本书里没有。绝句的平仄式照律诗减半——七绝照七律的前四句——，就是只有一组节奏。这里所举的平仄式只是最基本的，其中有种种重复的变化。懂得平仄的自然渐渐便会明白。不懂平仄的，只要多读，熟读，多朗吟，也能欣赏那些声调变化的好处，恰像听戏多的人不懂板眼也能分别唱得好坏，不过不大精确就是了。四声中国人人语言中有，但要辨别某字是某声，却得受过训练才成。从前的训练是对对子跟读四声表，都在幼小的时候。现在高中学生不能辨别四声也就是不懂平仄的，大概有十之八九。他们若愿意懂，不妨试读四声表。这只消从《康熙字典》卷首附载的《等韵切音指南》里选些容易读的四声如"巴把霸捌""庚梗更格"之类，得闲就练习，也许不难一旦豁然贯通。（中华书局出版的《学诗入门》里有一个四声表，似乎还容易读出，也可用。）律诗还有一项规律，就是中四句得两两对偶，这层也在下文论。

春　望
[唐] 杜甫

国破山河在，城春草木深。
（仄仄平平仄　平平仄仄平）
感时花溅泪，恨别鸟惊心。
（仄仄平平仄　平平仄仄平）
烽火连三月，家书抵万金。
（仄仄平平仄　平平仄仄平）
白头搔更短，浑欲不胜簪。
（仄仄平平仄　平平仄仄平）

早发白帝城
[唐] 李白

朝辞白帝彩云间，千里江陵一日还。
（平平仄仄仄平平　仄仄平平仄仄平）
两岸猿声啼不住，轻舟已过万重山。
（平平仄仄仄平平　仄仄平平仄仄平）

沈约像

主讲人
罗常培

误读字的分析

◆小学：汉代指文字学，隋唐以后成为文字学、训诂学（研究语义）、音韵学（研究语音）的总称。清末章炳麟主张改称"语言文字之学"，"文字学"之称开始流行。

◆音转条理：汉字语音通转（汉语音节从一个音转为另一个音的现象）的规律、条理。

◆引车卖浆：拉大车的，做小买卖的，指平民百姓。

◆"言之……以戒"意为：提意见的人即使提得不正确也是无罪的，听取意见的人即使没有对方所提的缺点错误，也应当引以为戒。

　　从朋友或后辈们的嘴里，时常听到一些念错了音的字。追述错误的原因，也颇不简单。有的是从小受了教书先生的影响，一直改不过来；有的是懒得查字典，自己想念什么就念什么；有的是听见有人这么念，自己拿不定主意，就以讹传讹跟着错下去。本来从学问的大体上讲，偶尔念错了几个字算不了什么了不得的毛病，值不得吹毛求疵地去指摘。况且犯这种错误的如果是个略懂小学的人，还可以从音转条理、文字通假上去找解释来替自己辩护。可是从教育的眼光看，特别是现在做国文教员的人，对于这个问题似乎不可大意，免得辗转传讹，将错就错，闹得字无正音，信口乱念！

　　这种错误的来源，虽然说不很简单，可是仔细分析起来也出不了几种形式。我常就平时所听到见到的一些实例，略加归纳，总括成下面的六项。凡所举例，绝无杜撰。这里边有大学或中学的学生，有中等学校的教员，也有成了名的作家、学者或教授，并不以"引车卖浆"者为限。信手拈来，聊以凑趣，无非含一点儿"言之者无罪，闻之者足以戒"的微意，毫没有讽刺针砭的存心。闲话少说，举例如下：

（一）类推致误例——也可以叫作念半边字的错误 照谐声字的原则来讲，凡是同从一声的字，就是有同一音符的字，本来应该同音或音近。可是因为古今音变的结果，假如我们不是有意地模拟古读，废弃了流行的念法，那就不能完全根据这个原则去类推。例如：

愎，弼力切，很也，戾也。有人把它念作"复"，因而"刚愎自用"就变成了"刚复自用"。

茜，仓甸切，音倩，染绛茜草也。常听见有人摇头晃脑、酸气冲天地背《红楼梦》的贾宝玉祭晴雯文："西（原作茜）纱窗下，我本无缘；黄土垅中，卿何薄命！"又常见电影广告上有"凯·弗兰茜斯"（Kay Francis）的译名，那无疑也是把"茜"字念成"西"的，因为芳草和美人相连，所以就在这个美艳明星的译名上多加了个草字头儿。

哂，式忍切，音矧，笑也。有人把"敬祈哂纳"念作"敬祈西纳"。

俑，尹竦切，音勇，从葬木偶也。有人把"始作俑者"念作"始作诵者"。

竣，七伦切，音逡，止也，事毕也。大多数人都念成"俊"，但也有人把"完竣"念成"完梭"。

吼，呼后切，兽鸣也。有一位怕太太的人把"狮子吼"念成"狮子孔"。

晔，筠辄切，光也。恬，徒兼切，安也，静

◆ "愎，弼……戾也"：这句话是对"愎"字的音韵和释义的解释。"弼力切"是古代的反切注音法，表示"愎"字的读音是取"弼"字的声母和"力"字的韵母及声调拼合而成。"很也，戾也"是对"愎"字的意义解释，即固执、执拗、凶暴、乖戾的意思。

◆ 音倩：直音注音法，用同音的"倩"字为"茜"字注音。

◆ 染绛茜草：古人用来染大红色的一种植物。

◆ 矧，shěn。

◆ 敬祈哂纳：敬辞，恭敬地请求您微笑着接纳。

◆ "竣，七……成'俊'"：历史学家吴小如曾在一篇文章中提道，"竣"字"本与'踆''逡'同音，用反切表示应作'七伦切'，与今'存'字读音相近。自上世纪三十年代《汉语字典》把'竣'误读为'骏''峻'同音字，《新华字典》乃承其误并推而广之"。

033

◆ 聿，yù。

◆ 篦，bì，一种比梳子密的梳头用具。

◆ 躐等：不按次序，跨越等级。

◆《原野》：中国现当代戏剧家曹禺的话剧。

◆ 赪，chēng。

◆ 琛，chēn。

◆ 北平伪北京大学：抗日战争时期，日本侵略者在其占领区实行奴化教育，其中，东北沦陷区的教育被称为"伪满教育"，华北、华东、华中、华南沦陷区的教育被称为"汪伪教育"。

也。有一位历史教员把作《后汉书》的"范晔"念成"范华"，把秦时的大将"蒙恬"念成"蒙括"，于是学生大哗，丢掉了位置。

鹬，馀律切，音聿，知天将雨鸟也。有人把"鹬蚌相争"念成"橘蚌相争"。

栉，阻瑟切，梳篦之总名，又理发也。有人把"栉风沐雨"念成"节风沐雨"。

躐，良涉切，音猎（獵），逾越也。有人把"躐等而进"念成"腊（臘）等而进"。

忏，楚鉴切，自陈悔也。"忏悔"不应读作"签悔"，"忏情"不可读作"签情"，尤不可读作"歼情"。

筠，于伦切，音云，竹之青皮也。常有人把它念作"均"，因演《原野》里的老太婆出名的"樊筠"女士，并不叫"樊均"。

柽，丑贞切，音赪，河柳也。中央大学的外语系讲师"叶柽"先生，并不叫"叶圣"，因为师长同学们都交口地希望他做"圣人"，他自己也不敢否认了。

郴，丑林切，音琛，今湖南县名，在衡阳县南三百三十里。有人把秦少游的"郴江幸自绕郴山，为谁流下潇湘去"的"郴"字误抄作"彬"。

崞，古博切，音郭，今山西县名，在代县西南六十里。常有人把它念作"淳"，又有一位现在在北平伪北京大学国文系做副教授的音韵学家，把它念作"享"。阎锡山在太原公园的一个亭子里，把山西人必识的字列出几百个来，这个字便是其中之一。

此外像"饿莩"(殍)念成"饿孚","别墅"念成"别野","擅长"念成"坛长","经幢"念成"经童","杜撰"念成"杜选","向隅"念成"向偶","觌面"念成"觌面","魑魅"念成"离妹","铡刀"念成"则刀","残酷"念成"残告"之类，尤其时常听见。姑举一斑，他可隅反。❶

（二）形近而讹例——也可以叫作鲁鱼亥豕式的错误　这种错误往往由于观察不精确而起。《吕氏春秋·察传篇》："有读《史记》者曰：'晋师三豕涉河。'子夏曰：'非也，是己亥也。夫己与三相近，豕与亥相似。'至于晋而问之，则曰：'晋师己亥涉河也。'"又《抱朴子·遐览篇》："书三写，鱼成鲁，帝成虎。"这是校勘学上很流行的故事。其实在校勘古籍的时候，我们固然常常可以遇见类似的例子，就是平常同人谈话或听人念书的当儿，也往往发现这种粗心的毛病。例如：

枵，虚骄切，音嚣，虚也。"枵腹从公"竟会有人念作"楞腹从公"，或"枒腹从公"。

祟，虽遂切，音邃，神祸也。有不少人把"鬼鬼祟祟"念成"鬼鬼崇崇"。

枘，而锐切，音芮。《类篇》说，"刻木嵌

◆莩，piǎo，通"殍"，饿死的人。

◆幢，chuáng。经幢：古代宗教石刻的一种。

◆隅，yú，角落。

◆魑，chī。魅，mèi。魑魅：传说中的山林精怪。

◆铡，zhá，一种切草或其他东西的刀具。

◆隅反：类推。

◆"书三……成虎"意为：古书经过多次传写就会改变原来的文字，比如"鱼"字误写成"鲁"字，"帝"字误写成"虎"字。

◆枵腹从公：饿着肚子办公家的事情，形容一心为公。

◆芮，ruì。

---

❶ 清代文字狱盛行，为强化文化专制，清廷常对文章词句刻意附会歪曲、罗织罪名。清末民初徐珂所著《清稗类钞》汇辑了很多清代朝野逸闻，其中一桩文字狱大案，罪名之一就是念半边字引起的，详见课后延展阅读：《查嗣庭以文字被诛》。

◆"《类篇》……难入"意为：《类篇》说，雕刻木头的一端，用来插入凿子的部分叫作枘，即榫头。宋玉《九辩》中说"圆的凿孔而方的枘，我本来就知道它难以插入"。圜，同"圆"。龃龉，同"龃龉"，形容不相配合、格格不入。

◆掉文：爱引用古书词句，卖弄才学的人。

◆睕，wān，眼睛凹陷的样子。

◆朿，cì，木芒。

◆搤，è，同"扼"。

◆觊，jì。觎，yú。觊觎：非分的希望或企图。

所以入凿"谓之枘。宋玉《九辩》："圜凿而方枘兮，吾固知其龃龉而难入。"常常听见许多喜欢掉文的人把"圆枘方凿"念成"圆柄方凿"。

斡，乌括切，音睕，转也。很多人把"斡旋"念成"干（幹）旋"。

笫，阻史切，音姊，床板也。有人把"床笫"念成"床第"。

匕，笔倚切，音比，匕首，短剑也。有人把"图穷而匕首见"念成"图穷而叱首见"。

棘，基亿切，音殛。"棘手"谓荆棘多刺，拔之伤手，以喻事之难处理者。有好多人把"棘手"念成"辣手"。

刺，七赐切，读如次，以尖锐物直入他物为刺；剌，罗达切，音辣，戾也。前一个从朿，后一个从束，一般人总不大分得清楚。所以"乖剌"和"刺谬"往往念成"乖次"和"次谬"。

囚，似由切，音遒，拘系也，又罪人也。有人把"囚犯"念成"困犯"。

厄，字亦作戹，於革切，音搤，灾也，隘也。有人把"困厄"念成"困危"。

疫，营隻切，音役，民皆疾也。有人把"瘟疫"念成"瘟没"。

此外还有人把"觊觎"念成"凯觎"，"苦衷"念成"苦哀"，"不共戴天"念成"不共载天"，"不遗余力"念成"不遣余力"，诸如此类，历数难终。小的时候，听见过一个笑话，据说有一个识字不多的人，看了《水浒》之后，告诉别人说："我看了一部小说叫木（水）许（浒），那上面有一个叫季（李）达（逵）的，手使两把大爹（斧），有万夫不当之男（勇）！"这一个笑话里面，除去读"浒"作"许"应归入第一类以外，其余的都算是鲁鱼亥豕式的错误。

（三）忽略圈声例——也可以叫作读破四声的错误 因词性或文法作用不同而声调变异的，在中国语言史上并不能算是晚近的现象。《春秋·庄公二十八年·公羊传》："春秋伐者为客，伐者为主。"何休解诂云："伐人者为客，读伐长言之，齐人语也……见伐者为主，读伐短言之，齐人语也。"所谓长言短言，或即调类舒促的不同。《颜氏家训·音辞篇》说："夫物体自有精粗，精粗谓之好恶；人心有所去取，去取谓之好恶（原注：上呼号、下乌故反）。此音见于葛洪、徐邈。而河北学士读《尚书》云：'好（呼号反）生恶（於各反）杀'，是为一论物体，一就人情，殊不通矣。"又陆德明《经典释文·序录》也说："夫质有精粗，谓之好恶（并如字），心有爱憎，称为好恶（上呼报反，下乌路反）；当体即云名誉（音预），论情则曰毁誉（音余）；及夫自败（蒲迈反）、败他（蒲败反）之殊，自坏（呼怪反）、坏撤（音怪）之异：此等或近代始分，或古已为别，相仍积习，有自来矣。余承师说，皆辨析之。比人言者，多为一例：如而靡异，邪（不定之词）也（助句之词）弗殊，莫辩复（扶又反，重）复（音服，反也），宁论过（古禾反，经过）过（古卧反，超过）。……如此之俦，恐非为得。"就这几段话看

◆圈声：指用小圆圈加在字的上下左右某一个角上，以标注声调的方法。
◆读破：汉字读音随意义、词性的变化而变化的现象。多为声调变化。
◆见：被。
◆葛洪（约281—341）：东晋医学家、思想家。号抱朴子，并以号为名，著《抱朴子》一书传世。
◆徐邈：东晋大臣，曾撰正《五经》音训。
◆如字：一个字如有几个读音，依其原来的、通常的读音来读。并如字：指"好""恶"两个字都读原来的、通常的读音，即"好"读上声，"恶"读入声。
◆"及夫……之异"大意为："败"字和"坏"字因为意思中有自动用法和使动用法的区别，导致读音有异。
◆"比人……为得"大意为：人们平常的误读，很多属于这一类（即忽略圈声），不能根据语义、词性等的变化分辨读出正确的声调，就容易误读。

037

◆钱竹汀：即钱大昕（1728—1804），清学者，号竹汀或辛楣。在音韵训诂上多有创见。

◆罣：同"挂"。

◆《韵会》：全称《古今韵会举要》，元代韵书，熊忠撰。

◆雱，pāng，形容雪大的样子。

◆十升：指经线为八百缕的麻布。古代布以经线八十缕为一升。

◆弋，yì，黑色。绨，tí，古代丝织品。弋绨：黑色粗厚丝织物制成的衣服。

来，我们应该承认圈声的办法由来已久。不过顾亭林和钱竹汀两人却觉得一字两读起于葛洪，而江左学士转相增益，汉魏以前无此分别。姑无论我对于这个因文法作用而变读声调的问题另外还有见解，即使照顾、钱之说认为起于葛洪，那从现在推上去也算够古了。本文的目的既在矫正通行的读音，所以还应该承认这个分别。然而一般人犯这种毛病比前两项更多，我们似乎要宽恕一点，不可过分地苛责。现在就眼前常见的，除去颜、陆已经举过的"好""恶""誉""复""过"以外，再提出几个例子来。罣漏的毛病，恐怕不能避免，希望读者能够随时留意，触类旁通，以补本文的不足。

风，方戎切，音枫，平声，名词；方凤切，音讽，去声，动词。例如"春风风人""风，风也"，上"风"字应念平声，下"风"字应念去声。

雨，王矩切，音羽，上声，名词；王遇切，音芋，去声，动词。《韵会》云："风雨字在上声，而雨下之雨在去声。"例如"夏雨雨人""雨雪其雱""雨我公田"，第一句上字念上声，下字念去声；二、三两句里的"雨"字都应念去声。

衣，於希切，音依，平声，名词；於既切，去声，动词。如"解衣衣我""衣十升之布""身衣弋绨"，第一句上念平声，下念去声；二、三两句里的"衣"字都念去声。

食，乘力切，音蚀，入声；祥吏切，音寺，去声，因意义和文法作用而异其声调。如"推食食我"，上入声，下去声；"君子以饮食宴乐""君子与其使食浮于人也，宁使人浮于食""此与以耳食无异""我食吾言，背天地也""日有食之"，这些例子里的"食"字都应念去声。

饮，於锦切，上声，咽水也，亦歠也；於禁切，音荫，去声，以饮食之也，在文法上属"予格"。如"饮酒食肉处于内""饮此则有后于鲁国"，这两句中的"饮"字应念上声；"饮之酒而使告司马""饮乡人酒"，这两句里的"饮"字应念去声。

妻，七稽切，音妻，平声，名词；七计切，音砌，去声，动词。如"士如归妻，迨冰未泮"这两句里的"妻"应念平声；"以其子妻之"一句里的"妻"应念去声。

将，即良切，音浆，平声，训"有渐之词"，或"抑然之词"，又且也，助也，送也，行也，进也；即谅切，音酱，去声，将帅也，又将之也。如"是以君子将有为也""将有行也""将安将乐""补过将美""百两将之""今予以尔有众，奉将天罚""日就月将"各句中的"将"字都应念平声；"才足以将物而胜之谓之将"，上"将"字念平声，下"将"字念去声；"将卑师众曰师""将帅之士，使为诸侯""将在外君命有所不受"，各句里的"将"字都应念去声。

相，息良切，音襄，平声，省视也，交相也；息亮切，去声，视也，助也。如"二气感应以相与""相怨一方""相观而善之谓摩""相率而为

◆"君子……于食"
意为：君子与其使俸禄超出个人的才能，宁可让才能超出所得到的俸禄。

◆"此与……无异"
意为：这与用耳朵吃东西没有什么不同。

◆歠，chuò，饮、啜。

◆"饮此……鲁国"
意为：喝了这杯（毒酒），你的后人还可以在鲁国。

◆"饮之……司马"
意为：给（他）酒喝（以示好意），并通过他给司马传话。

◆"士如……未泮"
意为：男子如果想要娶妻，就趁着河面还未结冰的时候去娶。

◆将有行也：将要去世了。

◆补过将美：补救过失，助长美德。

◆百两将之：众多的车辆护送。

◆日就月将：每天有成就，每月有进步。

◆相观而善之谓摩：相互观察并学习对方的优点，这个过程称为"摩"。

◆相率而为伪者也：人们纷纷去作假。

◆相鼠有皮：看那老鼠尚且还有皮。

◆相在尔室：观察你在家中（独处）时的（行为举止）。

◆百度得数而有常：昼夜百刻有常规。

◆皇览揆予于初度兮：父亲仔细揣度我出生的时辰。

◆周爰咨度：广泛地咨询和商讨。

◆车载斗量：形容数量多。

◆塍，chéng，田间土埂。

◆服牛乘马：役使牛马驾车。

◆亟其乘屋：急忙登上屋顶（修葺房屋）。

◆乘人不义陵也：利用他人的弱点或不当行为欺凌他。

◆乘：四。乘韦：四张熟牛皮。

伪者也"，各句里的"相"字都应念平声；"相与辅相之"，上"相"字念平声，下"相"字念去声；"相时而动""相鼠有皮""相在尔室""相其宜而为之种""辅相天地之宜""相成王为左右""相秦而显其君于天下"，各句里的"相"字都应念去声。

度，徒故切，音渡，去声，名词；徒落切，音铎，入声，动词。如"同律度量衡""百度得数而有常""节以制度""豁达大度""皇览揆予于初度兮"，各句里的"度"字都应念去声；"周爰咨度""咨亲为询，咨礼为度""心能制义曰度""他人有心，予忖度之""度支掌天下租赋物产之宜，水陆道途之利，岁计所出而支调之"，各句里的"度"字都应念入声。

量，力让切，音亮，去声，度量、器量也，名词；吕张切，音良，平声，丈量、商量也，动词。如"颁度量，而天下大服""魏文帝察其有局量""月以为量""唯酒无量，不及乱"，各句里的"量"字都应念去声；"弃衡石而意量""车载斗量""度德量力""蚍蜉撼大树，可笑不自量"，各句里的"量"字都应念平声。

乘，食陵切，音塍，平声，动词；实证切，音剩，去声，名词或数词。如"时乘六龙以御天""服牛乘马""不如乘势""亟其乘屋""乘人不义陵也"，各句里的"乘"字应念平声；"元戎十乘，以先启行""千乘之国""以乘韦先牛十二犒师""乘壶酒""发乘矢而后反"，各句里的"乘"字都念去声。

此外像"行为"和"因为","中间"和"中听","应该"和"答应","调和"和"调查","要求"和"需要","君王"和"先入关者王之","收藏"和"西藏",各有平去的不同;"多少"和"老少","数一数"和"数目",各有上去的不同,而"频数"的"数"又读入声;"治大国若烹小鲜"的"鲜"读平声,而"巧言令色鲜矣仁"的"鲜"读上声。若把这项材料充分搜集起来,加以整理,可以作成一篇很有用的论文,这里不过略发其凡罢了。

(四)异义混读例　有些字因为意义不同而分作两读的,应该各照它的意义来念,不可混为一读。例如:

乐,五角切,音岳,五声八音之总名;卢各切,音洛,喜乐也;又鱼教切,《论语》云:"知者乐水,仁者乐山。"常有人把"音乐"念成"音洛"。

率,所律切,音蟀,领也,将也,遵也,循也;所类切,音帅,与"帅"义同;又劣戌切,音律,约数也。常有人把"速率"念成"速帅"。

乾,渠焉切,音虔,《易经·乾卦》;又古寒切,音干,燥也。乾侯,地名,言其水常竭也,不念"虔侯"。

贾,公户切,音古,《说文》:"贾,市也,一曰坐卖售也。"行曰商,处曰贾;又古讶切,与"价"同;又举下切,音假,姓也。"屠岸贾"不

◆ "知者……乐山"意为:有智慧的人喜爱水,有仁德的人喜爱山。比喻各人爱好不同。

◆ "贾,市……售也"意为:"贾",有做买卖、交易的意思,另一种说法是指坐在店铺里售卖货物。

念"屠岸假"，"商贾"不念"商假"。

景，居影切，音警，光也，境也；又於丙切，音影，物之阴影也。"摄景"不念"摄警"。

丁，当经切，音玎，十干名；中茎切，音朾，伐木声相应也。所以"伐木丁丁"的"丁"和"甲乙丙丁"的"丁"不同音。

会，黄外切，音绘，合也；又古外切，音侩，大计也。"会计"和"会稽"的"会"都不应该念"绘"。

行，户庚切，人之步趋也；又寒岗切，音杭，列也。"出色当行""二十五人为行""行家""行辈"，都应该念作"杭"。

这虽然是很普通的例子，却往往听到不少刺耳的读音，所以我们也不可以不随时地注意。

（五）专名音讹例 专名的读音有时根据相沿的念法，有时依照译名的对音，稍微不小心，便有念错了的危险。例如：

郦食其 颜师古《汉书注》曰："食音异，其音基。"

金日䃅 颜师古《汉书注》曰："䃅音丁奚反。"

冒顿 宋祁曰："冒音墨，顿音毒。"姚令威云："仆阅《董仲舒传》冒音莫克反，又如字。《司马迁传》亦音莫克反。"

阏氏 颜师古曰："阏音於连反，氏音支。"

大月氏 颜师古曰："氏音支。"

龟兹 颜师古曰："龟音丘，兹音慈。"

◆ 玎，dīng。

◆ 十干：甲、乙、丙、丁等十个天干的总称。

◆ 音朾：应为"音争"。

◆ 侩，kuài。

◆ 日，mì。

◆ 䃅，dī。

◆ 阏，yān。

可汗　读如客寒。

万俟　本鲜卑部落名，后以为姓，音墨其，又音木其。

这些相沿的念法都不是"如字"读的。常常听见有人把"金日磾"念成"金日蝉"或"金日殚"，把"万俟卨"念成"万似卨"，那就错得太离奇了！从前听见过一个笑话：有一个秀才去逛庙，听见和尚把"南无"念成"曩谟"，便质问他道："明明写的是'南无'，你为什么念作'曩谟'？"和尚答道："这就像你们儒家的书里把'於戏'念成'呜呼'一样！"两人争持不决，各不相下。后来和尚说："好了！好了！你念'於戏'的时候，我就念'南无'，等你'呜呼'的时候，我再念'曩谟'罢！"这也可以做因"如字"而误读的一个例子。

（六）方音转变例　在一个方言里的系统音变，严格说起来本不能和误读字一律看待，然而为求国语统一的实现，有时候也有相当矫正的必要。例如，在昆明市上往往看见有人把"冰糖莲子"写作"冰䊀莲子"或"冰杬莲子"，把"五香花生"写作"五香花松"，把"鬼门关"写作"鬼门光"。又常听见"吃鱼"像是"吃胰"，"落雨"像是"落蚁"。这也如同北方把"膽量"写成"胆量"，广州把"馄饨"叫作"云吞"一样，在方言本身上并不能算是错误，在统一国语或矫正读音上却有相当的窒碍。所以在本文里我也附带地提一下。

◆卨，xiè。

◆南无：本音"nán wú"，此处是梵语音译，应读作"nā mó"。也译作"南谟""曩谟"，意为"归敬""归命""敬礼"。

◆於戏：本音"yú xì"，在古文中作为语气词，同"呜呼"，应读作"wū hū"。

◆饨，tún。

又听见说，一个大学生不认得"拙"字和"绿"字，那我倒感觉有点儿困难，不知把他们归入上面哪一项里好。若是凑个趣儿的话，我们可以管前一个例叫"藏拙"，后一个例叫作"色盲"！

总结上面的实例，我们最后应该谈到怎样矫正读音错误的问题。这自然不是三言两语可以解决了的，无论如何总得经过相当的训练和学养才能减少这种毛病。为一时权宜之计，我且试着提出几条原则来：

（1）不可照偏旁读音；

（2）观察字形宜精确；

（3）别懒得查字典；

（4）注意每个字在句中的地位和作用；

（5）应知道简便的反切方法；

（6）应认清自己方言中的几个特点。

这些话说时容易做时难，在这里姑且给有心人提一提醒儿，等有空儿的时候，咱们再慢慢儿地商量。

（选自《罗常培文集》第5卷）

延展阅读

查嗣庭以文字被诛

节选自徐珂《清稗类钞》

【原文】

雍正丙午，查嗣庭、俞鸿图典江西试，以"君子不以言举人"二句，"山径之蹊间"一节命题。其时方行保举，廷旨谓其有意讥刺，三题"茅塞于心"，廷旨谓其不知何指，其居心不可问。因查其笔札诗草，语多悖逆，遂伏诛，并其兄慎行嗣瑮（lì），遣戍有差。浙人因之停丁未会试科……

或曰，查所出题为"维民所止"，忌者谓维止二字，意在去雍正二字之首也，遽上闻。世宗以其怨望毁谤，谓为大不敬……

【译文】

雍正丙午年（1726），查嗣庭、俞鸿图担任江西乡试的主考官，用"君子不以言举人"这两句和"山径之蹊间"这一个章节内容来出题。当时正在推行保举制度，朝廷圣旨认为这是有意讥讽（影射保举制度存在问题），第三题是"茅塞于心"，朝廷圣旨认为不知道他所指何意，他的居心叵测。于是检查查嗣庭的笔记、书信、诗稿，其中有很多叛逆的语句，于是他被处死，他的兄长查慎行、查嗣瑮也分别被流放。浙江人因此不得参加丁未年（1727）的会试。

有人说，查嗣庭所出的题目是"维民所止"，忌恨他的人说"维止"两个字，是要去掉"雍正"两个字的上半部分（意指要割了雍正帝的头），（这件事情）马上就被上报。雍正帝认为他心怀怨恨、诋毁诽谤（朝廷），认定这是大不敬之罪。

北齐校书图

第二课
汉 字

关于中国文字起源的传说

主讲人 唐　兰

中国人对于文字起源，大概在战国时就注意到了。

《易·系辞》说：

　　上古结绳而治，后世圣人易之以书契。

《庄子·胠箧篇》也说：

　　子独不知至德之世乎。昔者，容成氏、大庭氏、伯皇氏、中央氏、栗陆氏、骊畜氏、轩辕氏、赫胥氏、尊卢氏、祝融氏、伏戏氏、神农氏，当是时也，民结绳而用之。

《胠箧篇》里说到田成子十二世有齐国，写成的时期，许已在秦、汉之际。《系辞》里有些话常附会作孔子说的，应当是战国晚期作品，总比《胠箧》早些。

结绳是有些民族在没有发明文字时，用以辅助记忆的。中国，一直到宋以后，南方溪洞蛮族，还有用结绳的。据说，台湾、琉球等地，远至非洲、澳洲，都有这种助记忆的方法。南美洲的秘鲁，尤其著名。这种方法的地理分布很广，历史也很悠久。有些民族，利用绳子的颜色和结法，还可以精密地记下一些事情。

◆胠，qū。箧，qiè。胠箧：原指撬开箱子，后泛指盗窃。

◆"容成……农氏"：这些都是中国神话传说中的人类先祖。其中，轩辕氏是黄帝名；伏戏氏即伏羲氏，也称"庖牺""虙戏""皇羲"等；神农氏是传说中农业和医药的发明者，一说即炎帝。

◆田成子（？—前456）：也作"陈成子"，春秋时齐国大臣，田氏代齐的奠基者。

◆"南美……著名"：古代秘鲁印加印第安人的结绳记事方法发达。他们的魁普（即结绳），能用绳结的颜色、长短、位置、形状等表达各种复杂的信息。至今，仍有部分秘鲁牧人掌握这种方法。

◆罟，gǔ，网的统称。

◆郑玄（127—200）：字康成，东汉经学家，汉代经学的集大成者。曾遍注群经。

◆李鼎祚：生卒年不详，唐中期经学家，所著《周易集解》是研究汉代易学所能依据的最早文献。

◆郭象（252—312）：字子玄，西晋玄学家。好老庄，善清谈。

◆宗彝：宗庙祭祀所用酒器。

◆丹图：指《河图》。古时有"河图洛书"的传说，相传伏羲氏见有龙马从黄河出现，背负"河图"，有神龟从洛水出现，背负"洛书"，据此画成八卦，周文王又根据八卦作辞，推演成《周易》。

◆《士师》：与下文中的《小宰》同为《周礼》篇名。

◆"正之……约剂"意为：需要以书面的契约或协议为依据来做出公正的判断。按郑玄所注，此处"傅别""约剂"同义，都指券据，券分左右，双方各执其一。

《易·系辞》在说到庖牺氏时，又说：

作结绳而为网罟，以佃以渔。

好像"结绳"是渔猎社会里的事情。《系辞》所说，本只是推想，并非历史，中国古代究竟有没有这种事情，是很难说的。战国时人也许是根据一些古代传说，也许听见过某一种未开化的民族用这方法，就以为我们的祖先也一定如此。但根据若干文字的解释，好像这种传说也许是可信的。

郑玄《周易注》说：

结绳为约，事大，大结其绳，事小，小结其绳。

李鼎祚《周易集解》引《九家易》也说：

古者无文字。其有约誓之事，事大，大其绳，事小，小其绳。结之多少，随物众寡，各执以相考，亦足以相治也。

这是说"结绳为约"。又郭象《庄子注》说：

足以纪要而已。

"要"和"约"字虽不同，在语言上是相同的。《说文》："约，缠束也。"是约字的本义。《周礼·司约》说：

掌邦国及万民之约剂，……凡大约剂书于宗彝，小约剂书于丹图。

郑玄注说"约剂"是"言语之约束"。但在《士师》里：

凡以财狱讼者，正之以傅别约剂。

郑玄又说是"各所持券也"。我们觉得"约"字的起源，大概还是绳结子，在没有文字以前，契券就是绳结。至于"要"字，《左传》文公六年"由质要"，注是"契券也"。《周礼·职金》："入其要。"郑玄注是"凡数也"。《士师》："岁终则令正要会。"郑注是"定计簿"。《小宰》："听出入以要会。"郑注是"月计曰要，岁计曰会"。可见"要"也是契券，而且是计数目的。周厉王时的散盘，最后一行说：

厥左执缭史正中农。

"执缭"就是后世的中证，"缭"字从纟旁，和"约"字相同，可以推想这些计数目的契券，原来应该是绳结子。

但是，结绳究竟不是文字，刘师培根据郑樵的《起一成文图》，认为结绳时代的文字，不但不懂得文字，也还不懂结绳的方法。郑樵本只想把文字归作一源，虽也是无稽，却并没有把结绳牵涉在里面，本来，用绳子打结，怎么能打出一丨八等字形呢？

到战国末年，学者间还盛传着仓颉作书的故事，我们所见到的，有：

一　《荀子·解蔽》："好书者众矣，而仓颉独传者一也。"

二　《吕氏春秋·君守篇》："奚仲作车，仓颉作书，后稷作稼，皋陶作刑，昆吾作陶，夏鲧作城，此六人者所作，当矣。"

三　《韩非子·五蠹篇》："仓颉之作书也，自环者谓之私，背私谓之公。"

四　《世本·作篇》："沮诵仓颉作书。"——《广韵·九鱼》引

◆散盘：即散氏盘，也称夨(zè)人盘，西周晚期青铜器。盘腹内有铭文357字，记述了夨人将大片田地移付于散氏时所订的契约。夨和散都是国名。

◆"厥左……中农"意为：其左执券是身为史正（官名）的中农（人名，也作"仲农"）所书。

◆《起一成文图》：名为"图"，其实是南宋史学家郑樵所著纪传体史书《通志》中一段关于文字起源的简短论述。郑樵认为一切文字皆由"一"而来，但并未明确说明"一"与结绳的关系。

◆"仓颉……之公"意为：仓颉创造文字时，将"私"字设计成环绕自身的形状，即"厶"，将"公"字设计成背向环绕的形状，如"公"字字形中的"八"。

◆"沮诵仓颉作书"意为：黄帝身边的史官沮诵和仓颉创造了文字。

五　李斯《仓颉篇》："仓颉作书，以教后诣。"——居延所出汉木简

　　六　《淮南子·本经训》："昔者仓颉作书而天雨粟，鬼夜哭。"

到王充《论衡》里更常常称引，而产生许多故事，如：

　　仓颉四目。——《骨相篇》

　　仓颉以丙日死。——《讥日篇》

　　仓颉起鸟迹。——《感类篇》

《孝经援神契》里说"仓颉视龟而作书"，到《皇览·冢墓记》里更有了他的葬所。

　　仓颉作书，在那时是普遍的故事。沮诵只有《世本》上说过，我很疑心沮诵便是祝诵（见武梁祠画像），也就是祝融。至于《法苑珠林》卷十五说：

　　昔造书之主，几有三人，长名曰梵，其书右行。次曰佉卢，其书左行。少者仓颉，其书下行。梵、佉卢居于天竺，黄史仓颉在于中夏。梵、佉取法于净天，仓颉因华于鸟迹，文画诚异，传理则同矣。

显然是释子们的附会，是梵文盛行以后的故事了。

　　古人把"图"跟"书"分开，"河出图，洛出书"，就是明证。传说中的仓颉本只造文字，没有说能画。《吕氏春秋·勿躬篇》说：

　　大挠作甲子，黔如作虏首，容成作历，羲和作占日，尚仪作占月，后益作占岁，胡曹作衣，夷羿作弓，祝融作市，仪狄作酒，高元作

◆ 居延所出汉木简：居延遗址（今内蒙古和甘肃的额济纳河流域）出土的大量汉代边塞屯戍文书。

◆ 雨粟：下谷物。

◆ 《论衡》：东汉哲学论著。

◆ 《孝经援神契》：汉代纬书，即汉代混合神学附会、解释儒家经义的书。

◆ 《皇览·冢墓记》：《皇览》成书于三国时期，是中国最早的类书，原书已佚。《冢墓记》中记述了周代以前很多历史人物的墓地。

◆ 《世本》：战国史书。

◆ 武梁祠画像：东汉画像石。在今山东嘉祥。

◆ 《法苑珠林》：唐佛教类书。

◆ 梵：人名，印度古文字——梵文的创造者，也称"梵天"。

◆ 右行：指文字从左向右书写。下文中的"左行""下行"同理。

◆ 佉，qū。佉卢：古印度神话传说中一位仙人的名字。

室，虞姁作舟，伯益作井，赤冀作臼，乘雅作驾，寒哀作御，王冰作服牛，史皇作图，巫彭作医，巫咸作筮，此二十官者，圣人之所以治天下也。

◆姁，xǔ。

《文选·宣贵妃诔》注引《世本》也说"史皇作图"，这和"仓颉作书"本截然是两回事情。可是《淮南子·修务训》说"史皇产而能书"，把"图"变成了"书"，注家随文生义，所以高诱说：

  史皇、仓颉，生而见鸟迹，知著书，号曰史皇，或曰颉皇。

把"史皇"和"仓颉"就混而为一了。其实《淮南子》这个"书"字是错字，应当作"画"，《周礼·外史》疏引《世本》"仓颉作文字"，是用"文字"来解释"书"，《艺文类聚》引《世本》"史皇作画"，是用"画"来解释"图"，可以为证。《淮南子》下文又说：

  昔者仓颉作书，容成造历，胡曹为衣，后稷耕稼，仪狄作酒，奚仲为车。

可见他本没有把"史皇"当作"仓颉"，只是把"画"字错成"书"，给注家误会了，纠缠了一千七百年，没有人能校正，是很可怪的。

  大概战国末年的学者，对文化起源非常注意，常常有某人作某物的传说，《世本》里还专有一个《作篇》，"仓颉作书"和"史皇作图"，都不过是其中的一部分。

  关于仓颉的时代，孔颖达《尚书正义》说：

  其仓颉则说者不同，故《世本》云："仓

◆《文选》：即《昭明文选》，由南朝梁萧统（昭明太子）编选。

◆诔，lěi，古代用于哀悼逝者、表彰功绩的文体之一。

◆《淮南子》：也称《淮南鸿烈》《鸿烈》，西汉杂家著作。由淮南王刘安及其门客所著，书中总结诸子百家学说，并保存了不少自然科学史材料。

◆《艺文类聚》：唐初类书。由欧阳询等人奉命辑录，是中国现存最早的完整的官修类书。

◆《尚书正义》：与《毛诗正义》《礼记正义》《周易正义》《春秋左传正义》合称"五经正义"，由孔颖达等人奉命编定，是唐代科举的官方标准。

◆慎到（约前395—约前315）：战国时法家代表人物。

◆张揖：三国魏人，著有《广雅》。

◆禅通之纪：指远古时代。

◆获麟前：鲁哀公十四年（前481）以前。《春秋》有记，鲁哀公十四年"春，西狩获麟"，孔子以此句作为《春秋》的停笔之处。

◆《路史》：南宋史书，记载的是中国传说时期的史事。

◆孔安国《尚书传》：即伪《尚书孔氏传》。旧时认为是西汉孔安国撰，后经考证，定为后人伪造。由东晋梅赜献出，历代多有质疑，直到清朝才被考证为伪书。

◆三坟：传说中的上古书籍。

颉作书。"司马迁、班固、韦诞、宋忠、傅玄皆云："仓颉，黄帝之史官也。"崔瑗、曹植、蔡邕、索靖皆直云："古之王也。"徐整云："在神农、黄帝之间。"谯周云："在炎帝之世。"卫氏云："当在庖牺、苍帝之世。"慎到云："在庖牺之前。"张揖云："仓颉为帝王，生于禅通之纪。"……如揖此言，则仓颉在获麟前二十七万六千余年。是说仓颉，其年代莫能有定。

大概汉初的人都说仓颉是"黄帝史"，汉末以后，才把他的时期往前推，慎到作《慎子》四十二篇，后世所传的是汉以后伪托，所以和卫氏等说相近。有了张揖的说法，加上和"史皇"的混淆，到了《路史》一类的书，就凑成一大套的神话了。❶

可是本来作《易·系辞》的人，把书契的起源，却是估计得很迟。他说作书契的人是"后世圣人"，显然不是"古圣"，他又说"古者庖牺氏之王天下也……始作易八卦"，显然不是"后世圣人"。许慎《说文解字序》把庖牺造八卦和造书契的故事联结起来，而把"后世圣人"直接改作"黄帝之史仓颉"，和作《系辞》的人的看法，也不至于距离太远。

魏、晋之间的人把古史拉长了，他们不满意这种说法，所以伪造孔安国《尚书传》的人，为了把"三坟"附会作伏羲、神农、黄帝的书，就不得不说伏羲

---

❶ 详见课后延展阅读：《史皇氏》。

是"画八卦,造书契,以代结绳之政",把造书契一事提前了,也不惜把《系辞》的文字硬改了。

但是从来还没有人说八卦就是文字,这种附会,大概是宋以后的事情。郑樵《六书略·论便从》:

> 文字便从不便衡,坎、离、坤,衡卦也,以之为字则必从。故☵必从而后成水,☲必从而后成火,☷必从而后成巛。

这三个字里,水字是最容易使人相信的,六国文字的水旁,往往作巛,也还有作☵的,但我们要看商代只作♆(《说文》同畎),有时加点,而大都不加,就不能附会了。离卦和火形,根本不像,古文的火字,有些像旧小说插图里的火花,所以容易和山字相混。坤卦字在汉碑里作巛巛等形,《周易音义》说"坤本又作巛",王念孙父子以为借川字,是很对的,因为这巛形无论怎样也不像地字啊。

把三画的乾卦来象天字,只有搬出草书ろ字来了。但即使我们承认了这些似是而非的例子,对于震、艮、巽、兑,总还没有办法。杨万里说由天、地、水、火,可以知道雷、风、山、泽的字也应该一样;项安世也说,拿水字来推,八卦的字,应该都用三画;宋以后人假造的《易纬乾坤凿度》,索性把八卦当作天地等八字的古文;这种全无依据的说法,更不足道了。

爻盉　《铁云藏龟》一五七叶斝戊　巫姜簋　史懋壶路彝

◆ 便从:以从("纵"的古字)为便。

◆ "文字……成巛"大意为:文字是从八卦演变而来的,且文字以从纵为便,如坎(☵)、离(☲)、坤(☷),这三种卦是横向的,但变成字后,要变成纵向的,☵纵向后就变成了巛,☲、☷同理。

◆ "《周易音义》……字啊"大意为:坤卦的字形是"巛",象征地,但字形与地并不相似,如果用郑樵的"便从"的观点,就解释不通了。清王念孙父子考据认为,"巛"是借"川"字义,表达"顺"的意思("川"的古字就是"巛"),如"地势坤"中的"坤"就是"顺"的意思。

◆ 巽,xùn。震、艮、巽、兑:卦形分别为☳、☶、☴、☱,象征雷震、山、风、沼泽。

不过，八卦的一画和一字的一画，很难区别，所以即使它们本身不是文字，也常被认为是文字所取材的一种形象。可是，照我的意见，八卦的起源，是用算筹（卜算子）来布成爻（古文作㸚，即象三爻），古文"学"字，也就像两手布爻的形状。这种方法由巫发明，所以"巫"字古作㗊，本也是两个算筹交加的形状。这种算筹，有骨做的，也有玉做的，所以"巫"字从两个工字。后世改为竹筹，就造了"筮"字，而加上两个手形表示筮卦的就是"籑"字了。《吕览·勿躬》和《世本·作篇》都说"巫咸作筮，巫彭作医"，这两事是巫术的中心，到春秋时，南方的巫的力量还很大，所以："南人有言曰，人而无恒，不可以作巫医。"而屈原说："我将从彭咸之所居，"就指巫彭和巫咸。《周礼·筮人》说：

> 掌三易以辨九筮之名，一曰《连山》，二曰《归藏》，三曰《周易》。九筮之名，一曰巫更，二曰巫咸，三曰巫式，四曰巫目，五曰巫易，六曰巫比，七曰巫祠，八曰巫参，九曰巫环，以辨吉凶。

这里说的本来是九个巫的名字，和《山海经·海内西经》的：

> 巫彭，巫抵，巫阳，巫履，巫凡，巫相。

《大荒西经》的：

> 巫咸，巫即，巫盼，巫彭，巫姑，巫真，巫礼，巫抵，巫谢，巫罗。

都差不多。所谓"二曰巫咸"，就是巫咸所作的筮

◆算筹：中国古代的计数工具，也称"算子"。最晚在春秋时已普及使用。

◆"古文……形状"：殷商甲骨文中，"学"字字形有 㷼、㷽 等。

◆"南人……巫医"意为：南方人有句话说，假如没有恒心，就不可以卜卦行医。出自《论语》。

◆《山海经》：作者及成书年代不详。大致推断作者非一人，写作年代约从战国初到西汉初。书中内容多来自民间口头传说，包括山川地理、历史人物、神怪奇兽、奇珍异草等。

法，郑玄不明白这一点，解释为"咸犹佥也，谓筮众心欢不也"，就莫名其妙了。

巫咸是殷时人，见于《尚书》，《归藏》说黄帝涿鹿之战曾叫巫咸卜过，这恐怕也是后世所依托的。八卦的起源，既是巫者用算筹排列出来的方式，用来做事物的象征，就和文字无关，而且巫术的盛行，恐怕就在殷时，文字久已发生，所以八卦的卦画，绝不是文字所取材的。

（选自《中国文字学》）

◆ "咸犹……不也"意为：咸是众人的意思，是说通过卜筮来了解是否符合大家的意愿。

◆《归藏》：相传为《周易》前的古《易》。今所传《古三坟书》中有《归藏》，但实际是后人伪造。

延展阅读

史皇氏
节选自南宋罗泌《路史·禅通纪》

【原文】

仓帝史皇氏名颉，姓侯冈。龙颜侈哆，四目灵光，上天作令，为百王宪。实有睿德，生而能书。及受河图绿字，于是穷天地之变，仰观奎星圆曲之势，俯察龟文、鸟羽、山川、掌指，而创文字。形位成，文声具，以相生为字，以正君臣之分，以严父子之仪，以肃尊卑之序。法度以出，礼乐以兴，刑罚以著，为政立教，领事辨官，一成不外于是，而天地之蕴尽矣。天为雨粟，鬼为夜哭，龙乃潜藏，文字备，于以存乎记注乃著绩别生，正名孚号，而升封于介丘，纪文字以昭异世，而文乱日昌矣。乱百有一十载，都于阳武，终葬衙之利乡亭南，书人禋（yīn）之，后有仓氏、史氏、侯氏、侯冈氏、夷门氏、仓颉氏。

【译文】
　　仓帝史皇氏名叫颉，姓侯冈。他相貌不凡，额头宽阔，有四只眼睛，目光炯炯有神。上天赋予他使命，让他成为后世百代帝王的典范。他确实有着非凡的智慧和美德，生来就会写字。等到他接受了河图洛书上的绿字之后，便穷尽天地之间的变化，仰头观察奎星的圆转曲折的形状，低头审视龟甲的纹理、鸟的羽毛、山川的形状以及手掌的纹路，从而创造了文字。文字依据其形状和位置构成，声音和意义相互配合生成新字。文字可以用来端正君臣之间的名分，严格父子之间的礼仪规范，整肃尊卑的次序。有了文字，法律制度得以产生，礼乐文化得以兴起，刑罚措施得以明确。凭借文字来治理政事、建立教化，处理事务、辨别官职，一切都完备了，于是天地之间蕴藏的奥秘都被揭示出来了。上天因此降下粟米，鬼魂因此在夜里啼哭，神龙于是潜藏起来。文字完备之后，就可以用来记录史事，于是能够建立功绩、区分事物、确定事物的正确名称，仓颉于是封禅纪功，以昭后世。但自从文字出现后，文化上的混乱也日益严重了。这种混乱持续了一百一十年，仓颉以阳武为都城，死后葬在彭衙的利乡亭南边，读书人都来祭祀他，后来仓颉又有了仓氏、史氏、侯氏、侯冈氏、夷门氏、仓颉氏这些姓氏。

第二课 汉　字

仓颉造字

主讲人
唐 兰

中国文字是怎样发生的

如其我们要在古文献里探讨文字的起源，《系辞》作者的说法，倒是值得推许的。

　　上古结绳而治，后世圣人易之以书契。

这就是说"书契"之前，别无文字或类似的东西，话虽笼统，却也没有可指摘的地方。

"书契"是什么呢？历来大家都只解释了"书"，许叔重《说文解字序》说：

　　仓颉之初作书，盖依类象形，故谓之文，其后形声相益，即谓之字。文者物象之本，字者言孳乳而浸多也。著于竹帛谓之书，书者如也。

他的意思，"书"就是写下来的文字，但是"契"呢？

郑玄在《系辞》里注的是：

　　书之于木，刻其侧为契，各持其一，后以相考合。

又在《周礼·质人注》里说：

　　书契取予市物之券也。其券之象，书两札，刻其侧。

又《周礼·小宰》注里说：

◆ "文者……多也"：许慎认为，"文"是独体字，是对物象的描画，"字"是合体字，是由"文"滋生出来的。

◆《周礼·质人注》：应为"《周礼·质人》注"。

◆ "其券……其侧"：这种凭证的形式是将文字写在两块木片上，然后在木片的侧面刻上标记。

第二课　汉　字

> 书契谓出予受入之凡要，凡簿书之最目，狱讼之要辞，皆曰契。《春秋传》曰："王叔氏不能举其契。"❶

◆最目：总目。

这都把"契"跟"书"混在一起。《九家易》说：

> 百官以书治职，万民以契明其事。

把职事分开了，可是又说：

> 契刻也。……金决竹木为书契象。

依然混合了。《诗经》说："爰契我龟。"契只是刻的意义，罗振玉把卜辞叫作"殷虚书契"，这也是用错的。

◆ "契刻……契象"意为：契就是刻的意思。……用金属工具来砍削竹子和木头，制作成书契的形状。

◆爰契我龟：于是开始谋划，并且在龟甲上进行刻写以占卜。

◆罗振玉（1866—1940）：清末民国时期金石学家、古文字学家。共收集刻辞甲骨总数近两万片，所著《殷墟书契》是继晚清刘鹗《铁云藏龟》之后的中国第二部甲骨文著作。

"书"和"契"，本来完全是两回事，原始人民，可以没有文字，但往往已经有了"契"，如：
《魏书·帝纪叙》说：

> 不为文字，刻木纪契而已。

《隋书·突厥传》说：

> 无文字，刻木为契。

《旧唐书·南蛮传》说东谢蛮也是：

> 俗无文字，刻木为契。

一直到近代南方的苗猺，也还有刻木为齿的事实。可见郑康成把"书之于木，刻其侧为契"，来解释

◆殷虚：今多写作"殷墟"。

◆东谢蛮：唐时分布在今贵州雷山、三江一带的少数民族，首领谢元深，因而得名。

◆猺：同"瑶"，宋至1949年前历史文献对瑶族的称谓。

---

❶ 出自《左传·襄公十年》，记述的是一场精彩的古代版"法庭诉辩"，周王室两位大臣——王叔陈生和伯舆争权，两人各自派人出席了这次"讼辩"，伯舆这方举出周王赐予的文书作为辩护，"法官"范宣子要求双方"合要"，即核实讼辞，王叔这方无法给出相应的文书、证辞等，于是败诉。详见课后延展阅读：《王叔陈生与伯舆争政》。

"书契"是错误的。《说文》:"契大约也。"没有接触着本义。券字注说:

> 契也,从刀丯声。券别之书以刀判,契其旁。

可见契券之所以称"契",是因为刻其旁,"契"字作动词用,是刻的意义,所以《释名》说:

> 契刻也,刻识其数也。

"刻"和"契",声相近,本是同一语言,例如:《尔雅·释诂》"契绝也",郭璞注是:

> 今江东呼刻断为契断。

《吕氏春秋·察今篇》:"遽契其舟。"高诱注是"疾刻舟识之"。契字也可以写作锲,例如《左传》定公九年:

> 尽借邑人之车锲其轴。

杜预注就说:"锲刻也。"由此我们可以知道刻木的行为就叫作"契",因之所刻的木也叫作"契"了。

刘熙说:"刻识其数也。"这是很重要的。因为数目在记忆上是最困难的。尤其是人们的契约关系,两方的记忆也许不同,数目是最易起争端的,所以得刻木来作一种信约。像非洲、澳洲的土人,常在竹木上刻条痕来记数目,这就是最原始的、最简单的"契"。在我们古籍上所看见的材料,如:

一 《老子》:"是以圣人执左契而不责于人。"

二 《曲礼》:"献粟者执右契。"

三 《易林》:"符左契右,相与

◆《尔雅》:汉初学者整理编撰。是中国最早解释词义的专著,也是世界上现存最早的词典、最早的百科工具书。历代对《尔雅》的著疏极多,现存最早的注本是郭璞的《尔雅注》。

◆遽契其舟:即"刻舟求剑"的故事。

◆锲:刻;截断。

◆杜预(222—284):西晋将领、学者。所著《春秋左氏经传集解》是现存最早的《左传》注本。

◆刘熙:东汉经学家、训诂学家,著有《释名》。

◆"是以……于人"意为:因此圣贤之人持有契约的债权凭证(左契),但并不强迫他人偿还债务。

◆献粟者:献谷物的人,古代指百姓。

合齿。"

　　四　《列子·说符》："宋人有游于道，得人遗契者，归而藏之，密数其齿，告邻人曰，吾富可待矣。"

可以知道战国秦汉的"契"，分左右两半，而凑合的地方刻成齿形。——这种方法，也用在建筑或器具，《文选·晋纪总论》说："如室斯构而去其凿契。"五臣注："凿契邎也。"邎即《集韵》的"榫"字。所以，"契"可以用齿的多少或大小来表示数目，本可以不用文字，等到"书两札，刻其侧"，就和"符书"或"傅别"一样，已不是原来的"契"了。

安特生《甘肃考古记》里，说他在甘肃西宁县的仰韶期遗址里，曾发现很多长方形的骨板，有些是素的，也有是刻划过的，他疑心所刻的是原始文字。我在《殷契佚存》的序里已指出这是古代的骨契，并不是文字。这种骨契上所刻，有两种记数的方法。第一，就有刻齿的方法，在一块骨板的一边上，刻了两个缺齿，不知道代表的是什么，另外一块两边正中都有一个缺齿，而且正相对，我疑心这是并合若干契，捆扎时的上下两块，这种缺齿像人的细腰，所以契券也可以称为"要"。

◆凑合：此处指将两份契约合在一起。

◆"如室……凿契"意为：就像房屋已经建造好，却去掉了用于连接与加固的凿子和契子一样。

◆五臣注：指《文选》的五臣注本。由唐代李善注和吕延济、刘良、张铣、吕向、李周翰等五臣注。

◆安特生（1874—1960）：瑞典地质学家。曾在河南、甘肃、青海等地考古，发现了河南仰韶村等遗址。

◆《殷契佚存》：近代古文字学家、书法家商承祚所著。作者（唐兰）曾为其写序。

甘肃西宁县周家寨所出仰韶期骨契　　采《甘肃考古记》

另外一种在骨契上刻的线条，却很像是古文字里面的"五"和"六"两字。因为中国文字的

"一，二，三，三"，原来都是积画，到了五以后，却变成两条直线，作种种的交叉形：

五✕ 六∧ 七十 八八

由此可见古代数目本是以"四"进和"八"进做单位，而不用"五"，所以"九"字就是从象龙蛇形的字借用了。"十"字用"一"字竖起来，和"廿"等，又是四进。

十丨 廿∪ 卅Ш 卌Ш

这种记数的方法，最初可能和绳子有些关系，假如用一根骨筹而把绳子横绕，一道代表"一"，到四道代表"四"，于是用两道作交叉形来代表"五"，歧出形来代表"六"，十字形来代表"七"，分开的两道斜线代表"八"。假如直绕呢，一道就代表"十"，不过从"廿"到"卌"，一面聚头，和"一"到"四"不同。这是比较可以讲得通的。

北京大学藏卜骨　　同骨之臼

现在，仰韶期的骨契，大概是模仿这种所绕的形式而刻上去的，而我们的文字又是从骨契里得到这些记数字。到殷虚所出兽骨里，常见在骨臼下刻了个✕字，是修治卜骨的人记都数用的，可见在那

◆都数：总数。

时已是用"五"进了。

不过,由"契"上得来的数目字,就只有这几个,一般人把"书"也认为是契刻的,却是错的。好奇者把仓颉读成"创契",居然会有人相信,真是咄咄怪事。他们总以为古代没有笔,书写便是契刻。但从殷虚发掘出来的,却明明有书写而未刻的卜骨,并且有朱书的玉器,很显明的都是用毛笔写的。❶在铜器文字里也可以看见"聿"字就是古代"筆"的象形。

子斐簋

文字的产生,本是很自然的。几万年前,旧石器时代的人类,已经有很好的绘画,这些画大抵是动物跟人像,这是文字的前驱。但是绘画只能描写印象,表现自然,不能完全表现出作者的思想和感情,所以不是文字。经过很长的时期,人类由渔猎社会,进入了农业的社会,有了相当安定的居处,由小的部落积累成国家,有了剧烈的战争,交通一天一天的繁复起来,人与人间的关系也密切起来,许多歧异的语言混合起来,有了较普通较广泛的语言。在这个时候,有人画出一只老虎,任何人见了都会叫作"虎",画出一只"象",任何人见了都会说"象",有了图画,加上了统一的语言,如其那时的文化已经发展到那种需要,就立刻有了

◆ 咄咄:表示惊叹或诧异。

◆ "在铜……象形":金文中,"聿"的字形为𦘒,像一个人用手持笔的样子。

---

❶ 关于毛笔,韩愈曾作一奇文,模仿《史记》格式,以拟人手法为其立传(毛颖即毛笔),详见课后延展阅读:《毛颖传》。

文字。

　　文字本于图画，最初的文字是可以读出来的图画，但图画却不一定能读。后来，文字跟图画渐渐分歧，差别逐渐显著，文字不再是图画的，而是书写的。书写的技术，不需要逼真的描绘，只要把特点写出来，大致不错，使人能认识就够了。

　　最初的文字，是书契，书是由图画来的，契是由记号来的。可是，单有记号，单有图画，都还不是文字，文字的发生，要在有了统一的语言以后。

（选自《中国文字学》）

延展阅读

王叔陈生与伯舆争政

节选自《左传·襄公十年》

【原文】

　　王叔陈生与伯舆争政。王右伯舆，王叔陈生怒而出奔。及河，王复之，杀史狡以说焉。不入，遂处之。晋侯使士匄（gài）平王室，王叔与伯舆讼焉。王叔之宰与伯舆之大夫瑕禽，坐狱于王庭，士匄听之。王叔之宰曰："筚门闺窦之人而皆陵其上，其难为上矣！"瑕禽曰："昔平王东迁，吾七姓从王，牲用备具。王赖之，而赐之骍（xīng）旄之盟，曰：'世世无失职。'若篳门闺窦，其能来东底乎？且王何赖焉？今自王叔之相也，政以贿成，而刑放于宠，官之师旅，不胜其富。吾能无篳门闺窦乎？唯大国图之！下而无直，则何谓正矣？"范宣子曰："天子所右，寡君亦右之。所左，亦左之。"使王叔氏与伯舆合要，王叔氏不能举其契。王叔奔晋。不书，不告也。单靖公为卿士，以相王室。

【译文】

周王的两位卿士王叔陈生和伯舆争夺执政权，周王偏袒伯舆，王叔陈生非常愤懑，于是出逃，准备前往晋国。当他到达黄河边时，周王派人召他回去，并杀了史狡，试图以此安抚王叔陈生。但王叔陈生依旧不肯返回，就留在了黄河边。晋悼公派遣士匄为王室调解纠纷。王叔陈生和伯舆打起了官司，王叔陈生的家臣和伯舆的大夫瑕禽在周王的朝堂上争讼，由士匄来审理。王叔陈生的家臣说："那些蓬门小户之人，都在欺凌他们的上级，这上级可太难当了！"瑕禽反驳道："昔日周平王东迁的时候，我们七个姓氏的家族追随周王，祭祀用的牲畜等物资都准备齐全。周平王仰仗我们，还与我们歃血为盟，用赤色的牛作为祭品，承诺说：'世世代代不要丧失你们的职守。'如果我们是蓬门小户之人，怎么能跟随周王东迁呢？周平王又怎会仰赖我们呢？如今自从王叔辅政，政事都靠贿赂来决定，刑罚也随意施行。师旅的官员收的贿赂有多少根本没法想象。我们能不贫寒吗？希望大国好好考虑一下！如果在下者没有公正可言，那还谈什么正道呢？"士匄说："周天子支持的，我们国君也支持；周天子反对的，我们国君也反对。"于是让王叔陈生和伯舆对质，王叔陈生拿不出证据。于是王叔陈生只好投奔晋国。《春秋》没有记载这件事，是因为周朝没有通告鲁国。之后单靖公代替王叔陈生担任卿士，辅政王室。

毛颖传
[唐] 韩愈

【原文】

毛颖者，中山人也。其先明眎（shì），佐禹治东方土，养万物有功，因封于卯地，死为十二神。尝曰："吾子孙神明之后，不可与物同，当吐而生。"已而果然。明眎八世孙䚉（nóu），世传当殷时，居中山，得神仙之术，能匿光使物，窃姮娥，骑蟾蜍入月，其后代遂隐不仕云。居东郭者曰㕙（jùn），狡而善走，与韩卢争能，卢不及。卢怒，与宋鹊谋而杀之，醢（hǎi）其家。

秦始皇时，蒙将军恬南伐楚，次中山，将大猎以惧楚。召左右庶长与军尉，以《连山》筮之，得天与人文之兆。筮者贺曰："今日之获，不角不牙，衣褐之徒，缺口而长鬚（zhěn），八窍而趺（fū）居；独取其髦（máo），简牍是资，天下其同书。秦其遂兼诸侯乎？"遂猎，围毛氏之族，拔其豪，载颖而归，献俘于章台宫，聚其族而加束缚焉。秦皇帝使恬赐之汤沐，而封诸管城，号曰管城子，日见亲宠任事。

颖为人强记而便敏，自结绳之代以及秦事，无不纂录。阴阳、卜筮、占相、医方、族氏、山经、地志、字书、图画、九流、百家、天人之书，及至浮图、老子、外国之说，皆所详悉。又通于当代之务，官府簿书、市井贷钱注记，惟上所使。

自秦皇帝及太子扶苏、胡亥、丞相斯、中车府令高，下及国人，无不爱重。又善随人意，正直、邪曲、巧拙，一随其人。虽见废弃，终默不泄。惟不喜武士，然见请，亦时往。

累拜中书令，与上益狎，上尝呼为"中书君"。上亲决事，以衡石自程，虽宫人不得立左右，独颖与执烛者常侍，上休乃罢。颖与绛人陈玄、弘农陶泓及会稽褚先生友善，相推致，其出处必偕。上召颖，三人者不待诏辄俱往，上未尝怪焉。

后因进见，上将有任使，拂拭之，因免冠谢。上见其发秃，又所摹画不能称上意，上嘻笑曰："中书君老而秃，不任吾用。吾尝谓君中书，君今不中书耶？"对曰："臣所谓尽心者。"因不复召，归封邑，终于管城。其子孙甚多，散处中国、夷狄，皆冒管城，惟居中山者能继父祖业。

太史公曰：毛氏有两族，其一姬姓，文王之子，封于毛，所谓鲁、卫、毛、聃者也。战国时，有毛公、毛遂。独中山之族，不知其本所出，子孙最为蕃昌。《春秋》之成，见绝于孔子，而非其罪。及蒙将军拔中山之豪，始皇封诸管城，世遂有名，而姬姓之毛无闻。颖始以俘见，卒见任使；秦之灭诸侯，颖与有功。赏不酬劳，以老见疏，秦真少恩哉！

【译文】

毛颖，是中山人。他的祖先明眎，辅佐大禹治理东方的土地，因养育万物有功，所以被封在卯地，死后成为十二神之一。明眎曾经说过："我的子孙是神明的后代，不应该和一般的事物相同，应当是从口中吐出来而生的。"后来果然如此。明眎的八世孙䨲，世人相传在殷商时期居住在中山，掌握了神仙的法术，能够隐匿光芒驱使万物，还曾偷嫦娥的东西，骑着蟾蜍进入月宫，他的后代于是隐居起来不再出仕为官了。居住在东郭的叫㕙，狡猾而且善于奔跑，和韩卢比试能力，韩卢比不上他。韩卢恼怒，就和宋鹊谋划并杀害了他，还把他的全家剁成肉酱。

秦始皇的时候，蒙恬将军向南攻打楚国，军队驻扎在中山，将要举行大规模的狩猎来威慑楚国。他召集左右庶长和军尉，用《连山》这种上古筮法来占卜，得到了上天和人事方面的吉兆。占卜的人祝贺说："今天的收获，没有角也没有牙，是穿着粗布衣服的家伙，嘴巴缺了一块而且长着长胡须，有八个孔窍并且是两脚交叠而坐的。只选取他的毛，就可以用来书写简牍了，天下将会统一书写的文字。难道秦国就要兼并诸侯了吗？"于是就去打猎，包围了毛氏家族，拔取了他们的毛，用车载着毛颖回去，在章台宫献上俘虏，把毛氏家族聚集起来并加以束缚。秦始皇让蒙恬安排人给毛颖沐浴，并且把他封在管城，称他为管城子，毛颖一天比一天受宠并承担事务。

毛颖为人记忆力强而且敏捷，从结绳记事的时代一直到秦朝的事情，没有不编纂记录的。阴阳、占卜、相面、医方、家族姓氏、山川地理、地志、字书、图画、九流、百家、关于天人关系的书籍，乃至佛教、老子、外国的学说，他都详细了解。又通晓当代的事务，官府的文书簿册、市井中货物钱财的记录，都只听皇上的差遣。从秦始皇以及太子扶苏、秦二世胡亥、丞相李斯、中车府令赵高，往下到普通百姓，没有不喜爱看重他的。他又善于迎合人的心意，是正直还是邪恶、是灵巧还是笨拙，都完全依照那个人的情况。虽然有时会被冷落不用，但始终默默不语不泄露机密。只是不喜欢武士，然而受到邀请时，也偶尔会去。

多次被拜授为中书令，和皇上更加亲近，皇上曾经称呼他

第二课 汉字

为"中书君"。皇上亲自处理政事，以每天批阅一百二十斤上奏简册作为定额，即使是宫女也不能站在左右侍奉，只有毛颖和拿着蜡烛的人经常在旁边侍奉，皇上休息了才停止。毛颖和绛地的陈玄、弘农的陶泓以及会稽的褚先生关系好，相互推重，他们每次出行或聚会必定一起。皇上召见毛颖时，这三个人不等诏令，就一起前往，皇上也从来没有怪罪过。

后来因为进宫拜见，皇上将要有所差遣，轻拍毛颖时，他摘下帽子谢恩。皇上看到他的毛发稀疏脱落，而且其所书写描绘的又不能符合皇上的心意。皇上笑着说："中书君年老而且秃头了，不能为我所用了。我曾经说你适合书写，你现在不适合书写了吧？"毛颖回答说："我是尽自己的心力去做的呀。"因为不再被召见，回到自己的封邑，最后死在管城。他的子孙很多，分散在中国和周边少数民族地区，都冒用管城这个名号，只有居住在中山的能够继承父辈祖辈的事业。

太史公说：毛氏有两族，其中一族是姬姓，是文王的儿子，被封在毛地，就是所说的鲁、卫、毛、聃这些地方。战国时期有毛公、毛遂。唯独中山这一族，不知道他们原本的出处，子孙却最为繁盛。《春秋》成书的时候，被孔子摒弃不用，但这并不是他的罪过。等到蒙将军拔取毛颖的毛，秦始皇把他封在管城，于是这一族在世上就有了名声，而姬姓的毛氏就没有人知晓了。毛颖最初是以俘虏的身份被进献，最后却被任用做事；秦国消灭诸侯，毛颖也参与其中有功劳。然而赏赐却不能补偿他的辛劳，因为年老就被疏远，秦国真是少恩寡义啊！

笔祖蒙恬

文字发生的时代

主讲人 唐兰

《易·系辞》说："后世圣人易之以书契。"后世是什么时候呢？战国末年人把作书归仓颉，汉初人以为是黄帝史官。又有人说《管子·封禅》既有十二家封太山，像无怀氏、虙羲、神农、黄帝等，可见在黄帝以前。但是虙羲、神农等传说，都起于六国以后，不甚可靠。对于文字发生时代在文献里没有什么明确的凭据。我们要估计，还得用别的方法。

从文字本身说，我们目前能得到大批材料的只有商代的文字，这里包括了甲骨卜辞和铜器铭文，卜辞是盘庚以后的作品，器铭却只有少数可确定为商末。商代文字里还保存着很多的图画文字，过去有些学者因为不容易认识这些文字，就把它们认为是"文字画"——类似于文字的图画，乃是一个很大的错误。因为我们如其说商代还在文字画时期，文字只刚在发生，那就必须说商代还是一个未开化的社会。但是，事实上，商代已有很高的文化，我们从历史上，从遗留的实物上都可以证明。这种错误的观察者，第一，忽略了一切文化中的保守性，他们不知道这些图画文字仅仅是局部保留下来的，并不是原始时期的。其次，他们简直忘记了形声文字。在卜辞里已经有大批的形声文字（在《古文字学导论》里，我曾举出许多从"斤"声的字，在《殷虚文字记》里，还有更多的例子），铜器文字也是如此。第一代商王的名字是"汤"，卜辞写作"唐"，就是一个形声字。形声文字的产生总在图画文字的后面。我把有了形声文字以后的文字，称为近古期，未有形声，只有图画文字的时期，称为远古期。那么，我们所见到的商代文字，只是近古期，离文字初发生时，已经很遥远了。

我在《殷契佚存》的序里还说过，《甘肃考古记》上所载的辛店期匋器所有的所谓"图案"，实际上应该是一种文字。安特生所举的四个图形，马形和商代金文最相似。马四足，鸟两足，好像不同，但是商铜器文字里也还有画两足的鸟形。

另外一个陶尊，间杂在花纹里的犬形，虽然还是四足，可是头部的书写技术，把耳朵连下颚作一笔，而把上颚连颈跟头颈一笔，正是中国古文字的特点。羊形在图里不全，我们推想它应是"萈"字的本来写法。中间还有一个六足的虫形，是"求"字，也就是"蟲"的原始字。《说文》："蟲，多足虫也。"或体作"蛋"，这是后人已不知道"求"字就是多足虫的形象，所以加上虫或蚰的偏旁。《说文》把"求"字反当作了"裘"字的古文，学者间早都知道它是错的，就只不晓得，"求"就是《周礼·赤友氏》注的肌求，也就是多足虫的"蛷"，这个字正像"蠷螋"的形状。

◆ 汤：甲骨文称"唐""大乙""高祖乙"，后世也称"武汤""武王""天乙""成汤""成唐"等。

◆ 辛店期：安特生把甘青地区的史前文明分为六期（齐家、仰韶、马厂、辛店、寺洼、沙井），假定辛店期在距今四千五百年前。

◆ 匋：同"陶"。

◆ 尊：古代酒器。

◆ 萈，huán，一种细角山羊。

◆ 蠷，qú。螋，sōu。蠷螋：也称"蛱螋"，扁平狭长的多足昆虫。

第二课 汉字

辛店期的时代，大概应相当于我们传说中的"夏"代，或许还早。我们相信夏代一定有过很丰富的文化，可惜，我们所能看见的材料太少了。但是，只要能考出有一两个文字，我们也很够证明在那时候已有了文字。

况且，古文字里，兽形只画两条腿，侧立人形和鸟形都画一条腿，所描写的对象是静止的状态。由技术上说，这种古拙的画法，比画四条腿的牛马，两只脚的鸟形还要早些。那么，辛店期匋器上所有的，似乎只是我们古代文字中的一个支系，而我们的文字发生还远在其前。

从历史来说，历史是文字很发展以后才能产生的。中国的上古史，目前虽已没有完整地记载遗留下来，但是我们如果说距今四千年前已是有史时期，并不是过分的。卜辞里所记先公先王，一部分是在夏时；《古本竹书纪年》《世本》《史记》对夏、商两代的世系、年数和史事，都有过详细的记载；春秋时铜器铭辞记载禹的功绩，孔子称述尧、舜、禹；许多虞、夏的文化，在春秋以后还保存着；这种种都可证明夏代已经是有史时期。同样，我们可以说夏时代，文字一定已很发展。

再从历法的发明来说：我们知道商朝盘庚以后，用的是太阴历，有大小月，也有闰月（十三月和十四月），有六十甲子记日和记旬的方法，这已是一套很完整的历法了。（卜辞有月食，是不是预先算出来的，还没有证明。）历法当然不是短期里就能发展到这样的。我们知道商代建丑，周代建子，而在传

◆《古本竹书纪年》：战国史书，因原本写于竹简，且是编年体而得名。西晋时期在汲郡（在今河南）的战国时魏墓中发现。

◆虞：古代有"虞、夏、商、周"相提并论的说法，虞即远古部落有虞氏，首领是舜。相传舜改造远古氏族制，出现了早期国家的雏形。目前，学界对于中国古代是否还有一个虞朝尚无定论。

◆太阴历：简称"阴历"。根据月相变化的周期制定的历法。

◆六十甲子：简称"甲子"，由十天干和十二地支依次组合，组成六十个数，用以纪日、纪旬，后来也用来纪年。

◆"我们……之时"：周以夏十一月建子为正月，殷以夏十二月建丑为正月，夏以正月建寅为正月。正，正月。三正，即夏正，殷正、周正，三正都以夏历为标准，即所谓"行夏之时"。

- ◆《夏小正》：中国最早的物候专著。原是《大戴礼记》（相传西汉戴德编纂，该书收集秦汉以前各种有关礼仪等的论述）中的一篇。
- ◆ 癸，guǐ，天干中的第十位。
- ◆ 扶桑：传说中的东方神木，太阳居所。
- ◆ "戊"跟"戌"都是兵器。"戊"，天干第五位；"戌"，地支第十一位，原本都是武器名，借用为干支名字。
- ◆ 王亥：商王朝的先祖。殷墟甲骨卜辞中称其为"高祖"。
- ◆ 四方的名称：殷墟甲骨卜辞中记载有四方神的名字。
- ◆《尚书·尧典》：《尚书》的第一篇，记载的是尧、舜时期的天象、历法、人物事迹等，大抵是由周代史官根据传闻编著，又经春秋、战国时人用儒家思想陆续补订而成。
- ◆ 爽鸠氏：掌刑狱的官。爽鸠是鹰的一种，少皞氏帝挚，用鸟作官名。

说里，建寅是夏代的历法，所谓"三正"，孔子所谓"行夏之时"，现在我们还可以读到《夏小正》。虽然在传说里还有黄帝历、颛顼历等，不一定可靠，但如我们相信夏代已是有史时期，就一定得说夏代已有很完备的历法。但再望前古看呢，历法没有完备时，人们用的是记日的方法，和记月的方法。从甲到癸，他们认为有十个太阳，轮流着从扶桑出来照耀人世；从子到亥，他们又认为有十二个月亮。❶ 这种方法大概就是"羲和占日"和"常仪占月"。记日法是十日为一旬，一月分上中下三旬，没有大小月。十二月为一年，又没有闰月。这种粗疏的方法，所用"十日之号"，和"十二月之号"，都是原始文字，而也都是假借来的，例如"戊"跟"戌"都是兵器，"巳"和"子"都像小孩，可见这种文字远在夏以前已经有了。

从卜辞的研究，我们知道了王亥的故事，也知道四方的名称，就是《尚书·尧典》里的记载，也不是虚构的。由此，我们可以推想春秋时的三坟五典八索九丘之书，也可以推想到像郯子论官❷里所记的故事，也一定有些依据，像"爽鸠氏"这种氏族、地望，都是可以指出来的。而这些记载如果有些可信的话，都远在夏以前了。

所以，无论从哪一方面看，文字的发生，总远

---

❶ 详见课后延展阅读：《〈山海经〉三则》。
❷ 郯子是春秋时期郯国国君，相传为少皞后裔。鲁昭公十七年（前525）朝鲁，为鲁大夫昭子详言上古官名之沿革。孔子闻其事，向他问学。详见课后延展阅读：《郯子来朝》。

在夏以前。至少在四五千年前，我们的文字已经很发展了。

（选自《中国文字学》）

延展阅读

《山海经》三则
节选自《山海经》

一

东南海之外，甘水之间，有羲和之国。有女子名曰羲和，方浴日于甘渊。羲和者，帝俊之妻，是生十日。

二

下有汤谷。汤谷上有扶桑，十日所浴，在黑齿北。居水中，有大木，九日居下枝，一日居上枝。

三

有女子方浴月。帝俊妻常羲，生月十有二，此始浴之。

郯子来朝
节选自《春秋·昭公十七年》

【原文】

秋，郯子来朝，公与之宴。昭子问焉，曰："少皞氏鸟名官，何故也？"郯子曰："吾祖也，我知之。昔者黄帝氏以云纪，故为云师而云名。炎帝氏以火纪，故为火师而火名。共工氏以水纪，故为水师而水名。大皞氏以龙纪，故为龙师而龙名。我高祖少皞挚之立也，凤鸟适至，故纪于鸟，为鸟师而鸟名。凤鸟氏，历正也。玄鸟氏，司分者也。伯赵氏，司至者也。青鸟氏，司启者也。丹鸟氏，司闭者也。祝鸠氏，司徒也。鴡（jū）鸠氏，司马也。鸤（shī）鸠氏，司空也。爽鸠氏，司寇也。鹘鸠氏，司事也。五鸠，鸠民者也。五雉，为五工正，利器用，正度量，夷民者也。九扈，为九农正，扈民无淫者也。自颛顼以来，不能纪远，乃纪于近。为民师而命以民事，则不能故也。"仲尼闻之，见于郯子而学之。既而告人曰："吾闻之，天子失官，学在四夷，犹信。"

【译文】

秋季，郯子来鲁国朝见，鲁昭公与他一起宴饮。昭子向郯子询问道："少皞氏用鸟名来作为官职名称，这是什么缘故？"郯子回答说："少皞氏是我的祖先，我知道这件事的缘由。从前，黄帝接受天命时出现云的祥瑞征兆，所以就用云来记载事情，各级百官和长官都用云来作为名号。炎帝曾有过火的祥瑞，于是就用火来记载事情，并用火来给百官命名。共工出现过水的祥瑞，所以就用水来给官职命名。大皞氏有龙的祥

第二课 汉 字

瑞出现，所以就用龙来给官职命名。我的高祖少皞挚即位的时候，恰好有凤鸟飞来，所以就依据鸟来记载事情，设置官职也都用鸟来命名。凤鸟是掌管天文历法的官职。玄鸟是掌管春分、秋分的官职。伯赵是掌管夏至、冬至的官职。青鸟是掌管立春、立夏的官职。丹鸟是掌管立秋、立冬的官职。祝鸠是掌管教导百姓的司徒。鴡鸠是掌管法制的司马。鸤鸠是掌管工程营造等事务的司空。爽鸠是掌管司法的司寇。鹘鸠是掌管具体事务的司事。五鸠，是用来聚集、管理百姓的官员。五雉，是担任五种工正官职的，负责改良器物用具、统一尺度容量、使百姓生产生活得以均衡。九扈，是担任九种农正官职的，负责督促百姓不要过度放纵。自从颛顼帝，不能像以前那样记载久远的事情了，就只能记载较近的事情。担任百姓的长官就依据百姓的事情来命名官职，这是因为不能像以前那样按照传统方式行事。"孔子听说了这件事，就去拜见郯子并向他学习这些知识。之后孔子告诉别人："我听说过这样一句话，'天子那里失去了某些官职的传承，相关的学问却保留在四方的蛮夷之地'。现在看来，这话确实是可信的。"

主讲人 唐兰

文字的构成
（节选）

六书说批判

六书是战国末年的文字学理论，一直到西汉末年以后，才有详细的叙述，那是刘歆的《七略》，后来班固采录于《汉书·艺文志》的：

> 古者八岁入小学，故《周官·保氏》掌养国子，教之六书，谓：象形，象事，象意，象声，转注，假借，造字之本也。

其次是郑众的《周礼·保氏》注，郑众是郑兴的儿子，郑兴是刘歆的弟子，但是六书的次序名称都和刘歆不同。

> 六书：象形，会意，转注，处事，假借，谐声也。

再后是许慎《说文序》，这是条例最详细的。许慎是贾逵弟子，贾逵的父亲贾徽是刘歆弟子，所以这个说法，还是本诸刘歆，不过又经过修正了。

《周礼》八岁入小学，《保氏》教国子先以六书：一曰指事，指事者，视而可识，察而见意，上下是也。二曰象形，象形者，画成其物，随体诘诎，日月是也。三曰形声，形声者

◆《七略》：汉代官修藏书，中国最早的图书分类目录。西汉刘歆所撰。

◆《汉书·艺文志》："艺文志"是古代典籍中记述图书目录部分的专名，东汉班固《汉书》（中国第一部纪传体断代史）中，首创"艺文志"。

◆诘诎：曲折；弯曲。

第二课 汉 字

以事为名，取譬相成，江河是也。四曰会意，会意者，比类合谊，以见指㧑，武信是也。五曰转注，转注者，建类一首，同意相受，考老是也。六曰假借，假借者，本无其字，依声托事，令长是也。

三家说法的异同是非，清代学者讨论得很多，是永远不能解决的聚讼。如其我们用历史家的客观的眼光来看，就另是一样了。刘歆或班固是首先对六书加以解释的（即使还另有所本）。照他们的说法，六书是造字之本，也就是造字的六种方法。象形、象意、象声三种，本已包括了一个字的形、音、义三方面，不过他们把图画实物的文字，和少数记号文字分开，所以多出了一种象事。至于转注和假借，实在只是运用文字来表达无穷的语言，跟产生新文字的方法，他们混合在一起，就和诗有六始，把风雅颂跟比兴赋混在一起是一样的。

郑众和许慎，无疑地都是修正刘说的。《后汉书·郑兴传》：

> 世言《左氏》者多祖兴，而贾逵自传其父业，故有郑、贾之学。

《周礼》和《左传》都属古学，所以这两个六书说的不同，显然就是郑学和贾学的不同。关于名称的修正，两家比较相近，他们都只保留象形的一个"象"字，而把其余的三个改去了。除了会意，两家所改相同外，一个是处事和谐声，一个是指事和形声。关于次序，却很不同。郑氏似乎把象形，转注，假借，作为三种造文字的方法，除了象形同时

◆ 以事为名，取譬相成：指用表示事物的形旁和表示发音的声旁造字。

◆ 㧑，huī，割裂。比类合谊，以见指㧑：用两个或两个以上表意的部件造字。

◆ 诗有六始：《周礼》以风、赋、比、兴、雅、颂为六诗，唐孔颖达解说，风雅颂是诗之成形，即《诗经》中的不同体裁，赋比兴是诗之所用，即《诗经》的不同表现方法。

就是文字外，还有会意、处事、谐声三种文字。学者都说郑氏次序是错的，只有叶大庆《考古质疑》说：

> 古人制字，皆有名义，或象形而会意，或假借而谐声，或转注而处事。

用这个说法。许氏的意思，大概依照发生的前后来排列的。《说文序》又说：

> 仓颉之初作书，盖依类象形，故谓之文，其后形声相益，即谓之字。字者，言孳乳而浸多也。

他显然把"依类象形"，跟"形声相益"来划一个界限，一曰指事，二曰象形，都是"文"；三曰形声，四曰会意，都是"字"。再加上了转注和假借两样方法，把六书分成三类。后来徐锴所谓"六书三耦"，我们可以说就是许叔重的原意。

许叔重虽则分别出文跟字的前后，可是意义还欠明了。他说："其后形声相益，即谓之字。"是说仓颉自己呢？还是说仓颉之后呢？如果我们懂得汉人说话的心理，就会知道"其后"两字，实际是说后世，"形声相益，即谓之字"，绝不是仓颉自己益的。因为汉朝人一说到"字"，在他们心目中就是后起的，所以郑玄说："古曰名，今曰字。"但是许氏序里，"文"跟"字"的界限，并不处处谨严，后人容易误会，所以常有人根据他的说法，说形声会意，都是仓颉造的。更常有人误解六书是仓颉造字的六种法则，就是造字的最原始法则。像江声的《六书说》就以为六书是"不始于周，

◆耦：通"偶"，成对。六书三耦：指徐锴将六书分成了三组，象形和指事类似，形声和会意类似，转注和假借类似，这样就把六书分成了"三耦"。

◆"古曰名，今曰字"意为：古时称作"名"，现在称作"字"。

◆江声（1721—1799）：清代经学家。号艮庭，下文中的"江艮庭徵君"就是指江声，"徵君"指朝廷征聘而不受的人。

而始于造字之初"，陈澧《书江艮庭徵君六书说后》说：

> 戴东原谓指事、象形、形声、会意，四者为字之体，转注、假借，二者为字之用，段懋堂谓宋以后言六书者不知转注假借所以包括诂训之全，乃谓六书为仓颉造字六法。如江氏之说，则转注诚造字之法，而非诂训。又假借如本有正字，而经典相承用假借字者则用字之法，若西字来字本无正字，假借鸟栖来麦之字，安得谓非造字之法乎？则谓六书为造字六法，又可讥乎？

这种过分地推之于古的办法，其实并不是许氏的本意。

从班固、郑众指出了六书的名目后，到许慎才建立了义例，这是一个很重要的发展。有了义例，六书说才能成立。而且，从许慎到现在，一千八百多年，人们所研究的六书，至多只能作小部分的修正，大体上没有变动。

因为许氏给予六书的界说过于简单而不能确定，所举的例，每一条又只有两个字，所以后来人的解释，人各一词。六书之学，简直可以汗马牛充栋宇，在这里，我们不想作详细的讨论。我现在想指出的，只是许氏的义例的本身问题。

首先是指事，许氏举的例是"上下"，他的本意是很清楚的。指事文字原来是记号，是抽象的，不是实物的图画。这些记号可能在文字未兴以前，早就有了，在文字发生时，同时作为文字的一部

◆ 戴东原：即戴震（1724—1777），字东原。清思想家、考据学家。著有《六书论》《声韵考》《声类表》等。

◆ 诂训：也称"训诂"，解释古书的语义。

◆ "又假……讥乎？"大意为：假借分两种情况，一是本有正字，在实际应用和传承中，却使用另一个字，这种情况属于用字而不是造字的范畴；二是本无正字，如"西"字和"来"字，分别假借鸟归巢时日落所在方向和麦子的象形，就这方面而言，怎么能说假借不是造字的范畴呢？那么说六书是造字的六种方法，又有什么可以讥笑的呢？

◆ 汗马牛，充栋宇：汗马牛，形容马牛运书重以至出汗；充栋宇，指书籍堆高，直到栋梁。后用"汗牛充栋"形容书多。

分，所以许氏的意思，它们是在象形文字以前的。图画跟记号，究竟哪一样在前，我们且不去讨论。由我们现在看来，这种记号引用到文字里，它们所取的也是图画文字的形式，所以依然是图画文字的一类，也就是象形文字。我们看见"一"字，就读出数目的"一"，和看见"虎"字就读出"虎"字是一样的。所以我们无须单为抽象的象形文字独立一类。

在会意下，许氏所举的例是"武，信"，"止戈为武"见于《左传》❶，"人言为信"见于《穀梁》，似乎是很有根据的。但从现在的眼光看，这种说法都是错误的。古文字只有象意，没有会意。象意字是从图画里可以看出它的意义的。"武"字从戈从止，<u>止是足形</u>，我们绝不能把它当作停止的意义，因为停止的意义，在图画里是没有的。"武"字在古文字里本是表示有人荷戈行走，从戈形的图画，可以生出"威武"的意义，从足形的图画里，又可以看出"步武"的意义，可是总不会有"止戈"的意义。至于"信"字，只能是从言人声的一个形声字。

"比类合谊，以见指㧑"，这种会意字，在秦以前的古文字里，简直就没有看见过。战国末年，就当时所见错误的字形而作的杜撰的解释，渐渐地多起来，如："自营为私，背私为公""一贯三为王""推十合一为士""刀守井为荆"，以至于人

◆止是足形："止"是"趾"的本字，意为脚，甲骨文中字形像是有三指的脚形。

---

❶ 详见课后延展阅读：《止戈为武》。

第二课 汉　字

藏禾中为秃等，从古文字学来看，没有一条是对的。许氏把"会意"放在"形声"后，显然，他认为这种方法是后起的，只是他看不见更好的古文字材料，对许多迂曲荒谬的解释，也只有接受，就是这样，《说文》里的会意字，也还不很多。

不过，理论有时也会影响到事实，像两男夹一女的"嬲"字，在《三仓》和嵇康《绝交书》里已发现了。"追来为归""小大为尖""四方木为楞""大长为套"等等，新的会意字陆续制造出来，可是要比形声字，数量依旧极微细。这种新字，虽然只是两个字义的会合，用的只是些记号，和图画文字不一样，也总还是象意字的一种变型。

转注是问题最多的一个名目，许氏说："建类一首，同意相受。"举的例是"考老"，《说文》训"考"是"老也"，训"老"是"考也"，所以"同意相受"是容易解释的。"建类一首"，却很麻烦。裴务齐的"考字左回，老字右转"，固然是笑话，有些人把释诂来解释转注，忽略了字形，以为建类一首不是部首（虽然考字在老部），恐怕也不是许氏的本意。有人以为"考"跟"老"只有声音的关系，有人以为"考"跟"老"只是互训的关系。总之，这条的界说不清楚，例子也不好，所以愈讨论愈糊涂。

"假借"照理说是很容易讲明白的，许叔重所谓"本无其字，依声托事"，解释得很好。可惜他把例举错了。他所举"令长"二字，只是意义的"引申"，绝不是声音的"假借"。像："佳"字

◆ 嬲，niǎo，纠缠。

◆《三仓》：秦字书。李斯撰《仓颉篇》，赵高撰《爰历篇》，胡母敬（一作胡毋敬）撰《博学篇》，是为《三仓》，汉时也合称《仓颉篇》。

◆《绝交书》：即《与山巨源绝交书》。

◆ 同意相受：即意义相同、能相互转注。

◆ "可惜……'假借'"：汉代县令称"令""长"，"令"本义为命令，"长"本义为长者，县令、县长本无字，是由"命令""长者"之意义引申而来的。也有学者认为"令长"二字既有意义的"引申"，也有声音的"假借"。还有学者认为"令长"二字不是假借字，总之观点不一。

◆ 佳：同"唯"，句首语气词，表发端。

◆其："箕"的本字，意为簸箕，后假借为虚代词，代指人、事、物等。

为鸟形的借为发语辞，"其"字为箕形的借为代名词，这才是真正的假借。

许氏六书说，在义例上已有很多的漏洞，在实用时，界限更难清晰。许慎自己在《说文解字》所收的一万多字里，就没有彻底去分过类，一直到宋代，郑樵才替他做了这工作，《六书略》说：

> 六书无传，唯藉《说文》，然许氏惟得象形谐声二书以成书，牵于会意，复为假借所扰，故所得者亦不能守焉。

其实《说文》里有清晰的界限的，只有形声一类，可是有一部分"亦声"的例子，依旧和会意有些牵缠。

郑樵《六书略》用许慎的理论，作许氏的诤臣，以子之矛，攻子之盾，确有许多创获，在文字学史上是值得推许的。可惜他还是给许氏的义例缚住了，没有看见它本身的缺点，因此，在不容易分类时，只好用"声兼意"一类迁就的办法，一个文字就同时可兼两书了。郑书分类很庞杂，由六书来说，他的分类是：

象形
形兼声
形兼意
指事
事兼声
事兼形
事兼意
会意

转注
　　谐声
　　　声兼意
　　假借

实际上是十二类。其实，用这个方法，除去转注假借外，每一类还都可以兼其余的三类，如：

　　象形　兼事　兼意　兼声
　　指事　兼形　兼意　兼声
　　会意　兼形　兼事　兼声
　　谐声　兼形　兼事　兼意

不过形兼事和事兼形之类，似乎是一样的，所以郑氏没有这样分。

　　这种分类，和六书说的基本思想不合。假使象形是原始文字，就不应该兼声，谐声文字又本来就兼了形，形兼声在理论上就讲不通。凡是分类，需要精密而无例外，要是分为四类，而每一类依旧得牵缠其余三类，这种类就大可以不必分。可是由于六书本身的缺点，这种分类法从宋朝到现在，大家都还沿用着。不过分的方法不尽一样，有时一个字还可以兼三书四书，像朱骏声的《说文通训定声》多分出七类，就有一类是会意形声兼象形，王筠的《说文释例》多分出十三类，有一类是指事兼形意事声。有些人又把形兼事跟事兼形之类都分开，有一位自作聪明的学者，竟把六书仿八卦，成为齐齐整整的六六三十六类了。

三 书

> ◆佞古：推崇传统，盲目崇尚古人或古物。

如果研究文字学的目的，只在佞古，我们当然不可以轻易去议论"六书"，江艮庭辈所谓始于造字之初的"六书"。但是六书说能给我们什么？第一，它从来就没有过明确的界说，各人可有各人的说法。其次，每个文字如用六书来分类，常常不能断定它应属哪一类。单以这两点说，我们就不能只信仰六书而不去找别的解释。据我们所知，六书只是秦、汉间人对于文字构造的一种看法，那时所看见的古文字材料，最早只是春秋以后，现在所看见的商、周文字，却要早上一千年，而且古器物文字材料的丰富，是过去任何时期所没有的，为什么我们不去自己寻找更合适更精密的理论，而一定要沿袭秦、汉时人留下来的旧工具呢？

我在《古文字学导论》里建立了一个新的系统，三书说：

一　象形文字，

二　象意文字，

三　形声文字。

象形象意是上古期的图画文字，形声文字是近古期的声符文字，这三类可以包括尽一切中国文字。虽则因为我们的历史太长，文字的来源很多已不清楚，写法也日趋单简，有些简直像是记号，但总还不是记号文字。至于纯粹拼音的声符文字，在最近期内恐怕还不能成为主要的文字。

象形文字画出一个物体，或一些惯用的记号，

第二课 汉 字

叫人一见就能认识这是什么。画出一只虎的形象，就是"虎"字，象的形状，就是"象"字，一画二画就是"一二"，方形圆形就是"口〇"。凡是象形文字：

　　一　一定是独体字，

　　二　一定是名字，

　　三　一定在本名以外，不含别的意义。

例如古"人"字像侧面的人形，一望而知它所代表的就是语言里的"人"，所以是象形字。古"大"字虽则象正面的人形，但是语言里的"大"，和人形无关。我们可以推想，古"大"字是象大人的意义，因为小孩子总是头大，身体的比例小，而大人则身体的比例大了，头反觉得小了，所以，大人的"大"是由小子之"小"，比例得来的。由大人的"大"，又引申作一般的"大"，这个字已包含了人形以外的意义，那就只是象意字。凡是象形文字，名和实一定符合，所以我又把它们叫作"名"。

　　象意文字是图画文字的主要部分。在上古时期，还没有发生任何形声字之前，完全用图画文字时，除了少数象形文字，就完全是象意文字了。象意文字有时是单体的，有时是复体的。单体象意文字有些近似象形文字，不过象意字注重的是一个图形里的特点，例如古"尸"字象人蹲踞，就只注重蹲踞的一点，"身"字象人大腹，就只注重大腹的一点，此外可以不管，这是象形字和单体象意字的分别。复体象意文字有些近似形声文字，不过象意

◆人：甲骨文字形为𠄘。

◆大：甲骨文字形为𠀾。

◆尸：甲骨文字形为𠂊。

◆身：甲骨文字形为𠂎。

089

◆莫：甲骨文字形为𦱤。

◆省声：省略形声字声旁的笔画。

字的特点是图画，只要认得它原是图画文字，从字面就可以想出意义来，就是象意文字。即使它们后来已归入形声文字的群里，我们也依然叫作象意文字（当然有些文字绝对不会误认为形声的）。象形和象意同是上古期的图画文字，不过象意文字，不能一见就明了，而是要人去想的。有些象意字，只由于习惯的用法，解释起来相当地困难。例如"莫"是古暮字，象太阳在丛莽中，为什么一定是黄昏时候，而不是早上呢？可是古人就用这幅图画来代替这个语言，这就是"约定俗成"。上古的象意字，相当于近古的形声字，数目是很多的，"物相杂谓之文"，所以我又把它们叫作"文"。

形声字的特点是有了声符，比较容易区别。不过有些声化的象意字，虽然也并在形声字的范围里，就它原是图画文字的一点，我们依旧把它列入象意字。有些形声字因为声音的变化，已经很难认出它谐什么声，例如："梓"字从辛声（《说文》从宰省声，其实宰字也从辛声。又"亲"字从辛声，"亲"跟"梓"是一声之转），"好"字从子声（卜辞用为殷人子姓的子，可见本读为子），虽然由目前的声韵学看来不很像，可是从字形方面，不能找出解释，也依然是形声字。真正的形声字都是近古期的新文字，是用声符的方法大批产生的。《说文》说："形声相益，即谓之字，字者言孳乳而浸多。"所以我们就把形声叫作"字"。

象形，象意，形声，叫作三书，足以范围一切中国文字，不归于形，必归于意，不归于意，必归于声。形意声是文字的三方面，我们用三书来分类，就不容许再有混淆不清的地方。假使单从名称上看，我们的三书有些近于刘歆、班固，不过没有要象事，因为这只是象形的一小部分。也没有用象声，而采用许慎的形声，因为纯粹的象声文字，事实上是没有的。如其象实物的声，例如"乌"这个语言，象乌鸦的噪声，可是写出来的"乌"字只是象形字。假如这个语言是图画所画不出来的，就只好用假借的方法，找一个声音相同的文字来替代它，这倒是"象声"，但又是"本无其字，依声托事"了。所以一称"象声"，便无文字。除非后人在这个假借字上加上偏旁，才可以变为新文字，可是只要一加偏旁，又是形声字了。

在实际上，我们的象形，不是一般的所谓象形，我们的象意，更不是一般的所谓会意。以前所谓六书，不能范围一切文字，因之，要有兼两书兼三书的字，名为六书，至少要分十多类，分法也各人不同。现在，三书可以包括一切中国文字，只要把每一类的界限、特征，弄清楚了，不论谁去分析，都可以有同样的结果。

（选自《中国文字学》）

◆乌：《说文解字》中所引小篆字形为 。

延展阅读

止戈为武

节选自《左传·宣公十二年》

【原文】

丙辰，楚重至于邲（bì），遂次于衡雍。潘党曰："君盍筑武军，而收晋尸以为京观？臣闻克敌必示子孙，以无忘武功。"楚子曰："非尔所知也。夫文，止戈为武。武王克商，作《颂》曰：'载戢（jí）干戈，载櫜（gāo）弓矢。我求懿德，肆于时夏，允王保之。'又作《武》，其卒章曰：'耆定尔功。'其三曰：'铺时绎思，我徂惟求定。'其六曰：'绥万邦，屡丰年。'夫武，禁暴、戢兵、保大、定功、安民、和众、丰财者也。故使子孙无忘其章。……"

【译文】

丙辰日，楚国辎重车队到达邲地，在衡雍驻扎下来。潘党问："国君您何不修筑一座显示武功的军垒，收集晋军尸体筑成京观呢？我听说战胜后要展示给子孙，让他们不忘先人的武功。"楚王答："你不明白。从文字看，'止戈'二字合起来就是'武'字。周武王胜商后创作了《颂》诗，诗中说：'收起干戈，把弓矢藏入囊鞘。我追求美好的品德，要在这广大的中原大地施行，使周王确实能保有天下。'武王又创作了《武》这首诗，在最后一章说：'最终完成了你的大功。'第三章说：'广泛地传布并陈述这一思想，我征伐只为求得天下安定。'第六章说：'安定万邦，屡获丰年。'所谓武，是要禁止强暴、止息战争、保住天下、巩固功业、安定百姓、团结众人、使财富丰裕。要让子孙牢记这些……"

什么是演化

主讲人 唐 兰

一般人不知道文字是时常流动的，他们往往只根据所见到的文字，以为古来的文字就是如此，《说文序》：

> 诸生竞逐说字解经，喧称秦之隶书为仓颉时书，云："父子相传，何得改易？"乃猥曰："马头人为长，人持十为斗，虫者屈中也。"廷尉说律，至以字断法，"苛人受钱"，苛之字止句也。若此者甚众，皆不合孔氏古文，谬于史籀。俗儒啚夫，玩其所习，蔽所希闻，不见通学，未尝睹字例之条，怪旧艺而善野言，以其所知为秘妙，究洞圣人之微恉。又见《仓颉篇》中"幼子承诏"，因曰："古帝之所作也，其辞有神仙之术焉。"其迷误不谕，岂不悖哉。

"俗儒啚夫"不懂得文字有流变，他们的理由是："父子相传，何得改易。"在汉代今文经学家所做的纬书里，我们可以看到"土乙力为地"一类的怪话，都是根据隶书写法来说的。就是许叔重所采的"一贯三为王"，"推十合一为士"，又何尝不是根据小篆写法来解释文字所产生的笑话。

◆猥：曲解。

◆"马头……史籀"大意为：汉时的士人根据当时的"长、斗、虫、苛"等字的字形进行解读，来附会古人之说，但其实并不符合孔子、史籀等人的真实意图。

◆啚：同"鄙"。

◆恉：同"旨"。

◆谕：知道，理解。

◆今文经学：研究今文经的学派。今文经指汉代经师用汉朝通行文字——隶书书写而成的经书。与之相对的是古文经学，其学派研究的是汉代发现的、使用先秦古文书写的经书。

◆"又何……笑话"：《说文解字》字体以小篆为主。

> ◆ 艸："草"字的异体。
>
> ◆《邵氏闻见后录》：南宋笔记作品集。
>
> ◆ 王荆公：即王安石，因封荆国公而被世人称为"荆公"。
>
> ◆ 偓，wò。
>
> ◆ 甪：今写作"角"，读作"lù"。甪里先生：西汉初四位很有名望的隐士——商山四皓之一。
>
> ◆ 斤斤然：谨慎的样子。
>
> ◆ 正书：即楷书，始于汉末，通用至今。

从汉以来，根据隶书说字的不知有多少，"泉货"是白水真人，"董"是千里艸，一直到现在人说："人未余""立早章"，这是民间不懂字学的人说的。《邵氏闻见后录》：

> 王荆公晚喜说字，客曰："霸字何以从西？"荆公以西在方域主杀伐，累言数百不休。或曰："霸从雨，不从西。"荆公辄曰"如时雨化之耳。"

"霸"字从西，就是隶变。又说：

> 崔偓佺淳化中判国子监，有字学，太宗问曰："李觉尝言四皓中一人姓，或云用上加一撇，或云用上加一点，果何音？"偓佺曰："臣闻刀下用，椎音，两点下用，鹿音，用上一撇一点，俱不成字。四皓中一人甪里先生也。"

这是"有字学的人"，却不知"甪"字可读作鹿音。根据隶书把"甪"字写作刀下用，而说读鹿音的是两点下用，不知写篆书时如何下笔。那就难怪有些人斤斤然分"余"和"佘"，"耗"跟"耗"了。《谐铎》记一个女孩子说仓颉造错了字，"射"从寸身，应该是"矮"字，"矮"从委矢，应该是"射"字。有一位人类学者曾和我说，中国文字可和埃及文字比较，如"食"字的人形是屋子，₹形是坐在那里的一个人，因为他是根据正书的印刷体的。

在近代学者们间，流行着的一种错误观念，是把比较整齐的周以后文字认为是文字，以为这是凝固了，有定型了，而前于此的是流动的，无定型的，所以只是文字画。他们的目光，虽比隶书楷书远些，也只是五十步与百步之别。

父子相传，怎么会改易呢？一种文字，怎么会变成另一种很不相同的文字呢？骤然看去，本是可惊怪的。图画的形式，怎么会变为线条，成为记号呢？引笔的篆书，如何会变成一波三折的隶分呢？❶隶书怎么会变成楷书，章草怎么会变成狂草或行书呢？其实每一种改易的开始时，总是很微细的，不易辨觉的小差别，笔画的肥、瘦、长、短、斜、正，在有意无意之间所产生的极小的差别，时间一久了，经过若干人的模仿和改易，这种差别更明显起来，就变成一种新体了。❷一般人不明白文字有它们本身的历史，给见闻囿住了，只看见某一段时期内可以看到的文字（好像只看见某人一生中的三四年的容貌），自然不觉得它们是会改变的，就容易发生这类错误的观念了。

这种文字史上常见的很微的差别，和改易的过程，我们把它叫作"演化"。"演化"和"分化"不同，"分化"是产生出新文字来的，"演化"的结果，有时也会变成"分化"，但它的本身是无目的的，只是不停地改易而已。"演化"是逐渐的，

◆ "引笔……分呢？"：篆书运笔圆转，隶书方直而有起伏的波势。

◆ 章草：早期的草书，保留了较多的隶书特点。

---

❶ 详见课后延展阅读：《隶书》。
❷ 文字形体演变过程中，历代书法家们不拘一格、推陈出新的创新精神为其注入了源源不断的活力。如清代"扬州八怪"之一的郑板桥，大胆创新，书法自成一家，详见课后延展阅读：《跋临兰亭叙》。

在不知不觉间，推陈出新，到了某种程度，或者由于环境的关系，常常会引起一种突然的、剧烈的变化，这就是我们在下章所说的"变革"。"变革"是突然的，显著的，谁都会注意到的，但最重要的演化，却容易被人忽略。

汉字以形体为主，但是一个汉字，往往有两三个或更多的写法，假使这种差别发生在同一时期的同一种字体内，那总是"演化"的原故，不懂得"演化"，就不能研究文字学，尤其是中国文字学。

（选自《中国文字学》）

延展阅读

隶 书
节选自唐代张怀瓘《书断》

【原文】

案，隶书者，秦下邽（guī）人程邈所造也。邈字元岑，始为衙县狱吏，得罪始皇，幽系云阳狱中，覃（tán）思十年，益大、小篆方圆而为隶书三千字，奏之始皇，善之，用为御史。以奏事繁多，篆字难成，乃用隶字，以为隶人佐书，故名隶书。

【译文】

隶书是秦朝下邽人程邈创造的。程邈,字元岑,起初担任衙县的狱吏,后来获罪,秦始皇将他囚禁在云阳狱中。程邈在狱中深思了十年,在大篆、小篆的基础上,把字体从圆转变得方折,创造出了三千个隶书字,并上奏给秦始皇。秦始皇认为这些字很好,任命程邈为御史。由于朝廷廷奏等文书事务繁多,篆书书写困难,于是就使用隶书,多由职位低微的人辅助书写,所以叫作隶书。

跋临兰亭叙

[清] 郑燮

【原文】

黄山谷云:世人只学兰亭面,欲换凡骨无金丹。可知骨不可凡,面不足学也。况兰亭之面,失之已久乎!板桥道人以中郎之体,运太傅之笔,为右军之书,而实出以己意,并无所谓蔡、钟、王者,岂复有兰亭面貌乎!古人书法入神超妙,而石刻木刻,千翻万变,遗意荡然。若复依样葫芦,才子俱归恶道。故作此破格书以警来学,即以请教当代名工,亦无不可。乾隆八年七月十八日,兴化郑燮并记。

【译文】

黄山谷(黄庭坚)说过:世间的人仅仅是模仿学习《兰亭序》的表面形式,想要脱换凡庸的气质却没有那神奇的金丹。由此可知,气质不能平庸,而表面形式是不值得去学的。何况

《兰亭序》的那种神韵面貌，早就已经失传了！我板桥道人以东汉蔡中郎（蔡邕）的字体风格为基础，运用三国钟太傅（钟繇）的笔法技巧，来书写类似王右军（王羲之）那样的书法作品，但实际上是我融入了自己的想法，并不是单纯模仿所谓的蔡邕、钟繇、王羲之他们的样子，哪里还会有《兰亭序》那样的面貌呢！古人的书法能够达到出神入化、超凡精妙的境界，然而经过石刻、木刻的多次翻刻传播，原本的韵味意境已经消失殆尽了。如果还一味地依样画葫芦去模仿，那么有才华的人也都会走入歧途。所以我特意创作了这种打破常规的书法作品，用来警示后来学习书法的人，就算是拿来向当代的名公们请教，那也没什么不可以的。乾隆八年七月十八日，兴化人郑燮（郑板桥）特此记录。

第三课
词 汇

字与词

主讲人 张清常

词是语言中最小的意义单位。在西洋一个词也许就是一个字母，读一个音，例如a，也许是许多字母组织成的，读成连续的几个音，例如incomprehensibleness、extraterritoriality、transubstantiation和kleinkindesbeaehefligungsansha-lh。汉语差不多全是一字（character）一个音缀（syllable），三个字绝不会读出两个或五个音缀，所以河南戏："拉马来到潼关，待我下马一观，上面三个大字，潼关呀，潼关"成了笑话。至于𰻝𰻝麵（此处为多音缀合体字）和商家造的"黄万"、道士造的许多合体字，虽是一字而读成好几个音缀，但只算刚刚发芽的新字，由唐朝到现在已千余年，这类多音缀的新字数量还是太少，而且都是为牵就一词只用一字这条原则而造的；现在有人正在创造新的复音字，如牪（牺牲）、𬭁（物理）、𬣙𬣚（社会主义）、𱎒（玫瑰），但是尚未行用，所以就大体上说，一个汉字便是一个音缀。汉语的词通常是一个字而且只一个音缀的，但由两字三字四字组合成功的词却也很多，比方说"我""喜欢""庚子

◆incomprehensibleness：不可理解性。

◆extraterritoriality：治外法权。

◆transubstantiation：改变，变形论。

◆"一个……缀的"：即单音词，如下文中的"我"。

◆"两字……的词"：可分为复音词和合成词。复音词与单音词同属于单纯词，都由一个词素构成，不能再拆分，如下文中的"喜欢""庚子山"。合成词则由多个词素构成，如下文中的"哀江南赋"。

101

山""哀江南赋"。在现代，复音词❶日见增多，像客厅，无线电，帝国主义等都是。倘若没有认清楚什么叫词，只以字为单位，就说中国语一字即一词即一音，这便错了。像"滑天下之大稽""荒天下大唐""枉自高了一回子兴"这类的笑谈便由割裂了"词"而起。《贵耳集》里有一段故事："余干有王德者僭窃九十日为王，有一士人被执作诏云：'两条胫脡，马赶不前，一部髭髯，蛇钻不入，身坐银父之椅，手执铜槌之桗，翡翠楼前好似汉高之祖，鸳鸯殿上有如秦始之皇，一应文武不许着草履上殿'。德就擒，此士以作诏得免"。此士之所以得免，就因为他故意作了这么一篇拆散成词七颠八倒的诏。近代有人应考，试"秦始皇拿破仑论"，他以为"仑"应作"轮"，破题便道："夫以秦始皇盖世之雄，拿一破轮……"

皮簧戏《连营寨》里刘备且哭且唱："害孤的三弟，二贼就脱了逃"。河南戏里有段绝妙好词："孤好比尧舜人一个，你好比诸葛孔明二位先生，有朝得了天下，你坐朝来我坐廷"，滇戏坐宫"好一个贤公主有才有干"也欠通。以上各例不过是笑谈，至于文人学士，却也未能免此，如（唐）国史

◆《贵耳集》：南宋史料笔记。

◆余干：县名，在今江西省东北部。

◆执：捉，控制。

◆胫脡：小腿。

◆髭，zī。髯，rán。髭髯：胡子。

◆银父之椅：指银交椅，也就是后来的太师椅。

◆槌：应为"锤"。

◆桗：同"朵"。

◆楼：应为"帘"。

◆皮簧：应为"皮黄"，是西皮和二黄两种戏曲声腔的合称，有时也专指京剧。

◆《连营寨》：京剧剧目。

◆坐宫：即滇剧《坐皇宫》。

---

❶ 复音词包含联绵词、叠音词、音译词、拟声词四种类型。本文对叠音词、音译词都做了详细阐述。拟声词即"叮当""扑通"等模拟事物声音的词，联绵词则更复杂。联绵词大多是由古汉语遗留下来的，组成联绵词的两个字之间常常有双声、叠韵的关系，关于"双声、叠韵"，详见课后延展阅读：《什么叫"双声""叠韵"（节选）》。

补："（王）维好释民，故字摩诘"，Vimalakiriti 鸠摩罗什音译为"维摩诘"，本系一词；而王氏割裂以为名字。释典中 Praynaparamita Hrdaya 译"般若波罗蜜多"心经，Hrdaya 者一切之纲领，译作心。心经即大般若经之纲要，俗呼多心经，乃误将 Praynaparamita 的尾巴斫掉，硬做了心经的帽子，《琵琶记》三十四出"寺中遗像"净唱佛赚："摩诃般若波罗糖"。末白"念差了，是波罗蜜"。净白："糖也这般甜，蜜也这般甜……金刚般若波罗蜜。"《西游记》十九回："三藏本有根源，当时耳听一遍多心经，即能记忆，至今传世，此乃修真之总经作佛之会门也。"在七十九回"这是个多心的和尚……种种不善之心，更无一个黑心"……将多字解为多少之多，心字解成心灵，与多心经之名，或许有一些些联想的关系。钱大昕《十驾斋养新录》卷十二，古人姓名割裂条："汉魏以降文尚骈俪，诗严声病，所引用古人姓名，任意割裂，当时不以为非"。（参看顾炎武《日知录》廿三，俞正燮《癸巳类稿》十二）如"马迁""方朔""马相如""申包""蔺相"……之类皆是。在习惯上，也常把人的姓名分做两起，尤其在称呼时加：张清常君，张君清常，清常张君，都可以通，但却不能说张清君常，清常君张，君张清常，君清常张。在春秋时，人名中有"之"字，语助也，如宫之奇，介之推，如今时移世异，没有这种习惯，所以"梅光之迪"成了大不敬的话啦。

音译外来名词时，亦以减少原词音缀数目为

◆鸠摩罗什（344—413）：后秦佛教学者。与南朝梁、陈真谛、唐代玄奘并称为中国佛教三大翻译家。原籍印度，生于西域龟兹国（今新疆库车一带）。

◆斫：同"斮"，砍、斩。

◆《琵琶记》：元末南戏剧本，高则诚作。

◆骈俪：文章的对偶句法。

◆"'马迁'……'蔺相'"：是"司马迁""东方朔""司马相如""申包胥""蔺相如"这些人名的误用。

◆梅光之迪：指梅光迪（1890—1945），中国近现代学者。

常。（如Manjusri译作文殊师利，而通常省称文殊；Anauda译作阿难陀，而通常省称阿难；佛僧沙门均是简称，Bodhisattva译作菩萨，Maitreya译弥勒，Maha Maudgalyana译大目犍连或目犍连或目连，Bodhidama译菩提达摩或达摩，又如明朝西洋传教士之汉译姓名均减缩原名之音缀为三个，以求合于中国习惯）。音缀减少之后，又常省称之，如Kumarajiva译作鸠摩罗什，已经省去一个音缀，通常再省只称什公或什师，Bernhard Karlgren译作高本汉，通常省称高氏，一则是为求简便，再则中国人所受单音词的影响太大，因而也喜欢把复音词改为单音的，不唯人名，书名，机关名连地名国名也要省成一个字一个音的，如江浙湖广察绥蒙藏平津，如英美德意俄日奥比，无法省略时就换个简称的字如鲁豫晋黔滇陇闽宁沪甬渝蓉筑之类，机关团体名字太长，虽不能省成一个字如台省之类，也不过用两三个字。如国府、联大、工合（工业合作社）、平图（国立北平图书馆）等是，但此种省称法，既将原词紧缩成一小团，遂多流弊，Maxim Gorky译作高尔基已经省掉名字的两个音，又省称高氏，竟活似中国人名，难怪有"吾家尔基"的笑话了，九一八后北平师大某年招考新生国文试题"将世说新语'……王丞相……每至美日'……一段译为语体"，某君译曰："王丞相他到美国和日本去考察。"

不但一个词所包含的不止一个字，而且一个字未必就能成为一个词，有的字如"们、的、子、儿"之类，只是自身没有意义的文法成分（morpheme）。关于这些，王了一师在他《中国文法

◆文殊：佛教大乘菩萨，中国佛教尊其为四大菩萨之一。

◆"大目……目连"：释迦牟尼十大弟子之一。中国古代有"目连救母"的故事。

◆菩提达摩或达摩：中国佛教尊其为禅宗始祖。

◆高本汉（1889—1978）：现代瑞典语言学家、汉学家，精通汉语音韵训诂。

◆湖广：即湖广行省，元代设，清康熙时分湖南、湖北二省。

◆察：即察哈尔省，1928年设，1952年撤销，并入河北、山西二省。

◆绥：即绥远省，1928年设，1954年撤销，并入内蒙古自治区。

◆甬渝蓉筑：分别是浙江省宁波市、重庆市、四川省成都市、贵州省贵阳市的简称。

◆国立北平图书馆：前身是1909年开始筹建的京师图书馆，1928年改名国立北平图书馆，新中国成立后，更名为北京图书馆，1998年改名国家图书馆。

学初探》（第三章《中国文字与中国文法》）和《现代语法》里面已经讲得很详尽了，此处不必烦赘饶舌，只略谈叠字与叠词，旧来叫作重言的。

古代的单音词现代大多数都换成了复音词。构成复音词的方法很多，叠字居其一，例如爷爷、奶奶、爹爹、爸爸、妈妈、伯伯、叔叔、姑姑、姥姥、姐姐、弟弟、哥哥、妹妹、饽饽、馍馍等都是，弟与弟弟所代表的意义完全相同，不过弟弟是现代活语言罢了。除此以外，用到叠字的地方一个是为形容结巴讲话。韩非扬雄如何謇吃，虽不晓得，但见于记载者如史记张苍传叙张昌"为人吃，又盛怒，曰：'臣口不能言，然臣期期……知其不可，陛下虽欲废太子，臣期期……不奉诏'，上欣然而笑。"《世说新语》说叙邓艾口吃自称名曰艾艾。结巴向卖汽水地说："我喝喝喝……"这时汽水瓶已经噗的一声打开了，他的话还没说完："喝喝喝……喝不起。"结巴说："我到东东东……东庄去。"听者赞曰："结巴的鼓打得真好。"还有，人在感情太兴奋的时候，说话也犯口吃，也用叠字，如《长生殿·絮阁》："问问问问华萼娇，怕怕怕怕不似楼东花更好，有有有有那梅枝儿曾占先春，又又又又何用绿杨牵绕，请请请请真心向故交，免免免免人怨为妾情薄，拜拜拜拜辞了往日君恩天样高，把把把把深情密意从头缴，省省省省可自赌旧物泪珠抛。"在皮簧戏里表示愤怒惊慌恐怖沉痛时便把"我""你""他"说或唱上一二十个。还有形容人讲话吞吞吐吐，有时也有叠字，如

◆謇，jiǎn，通"蹇"。謇吃：口吃。

◆张昌：应为"周昌"，汉初大臣。

◆《长生殿·絮阁》：昆曲折子戏。

◆《史记·高祖记》：应为《史记·高祖本纪》。

◆喈，jī。喈喈：鸟鸣声。

◆朔望晦：分别为农历初一、十五和月终之日。

《史记·高祖记》："汉王三让，不得已曰：'诸君必以为便便……国家，……'甲午乃即皇帝位氾水之阳。"此外形容长音或许多声音便将状声字重叠，如"关关雎鸠""鸡鸣喈喈"。

旧日有条绝对："月月月月月月月"译成语体便是，月亮朔望晦不断地循环，这样才把三十天左右划为一个月。每月天上出月亮，每月天上出月亮，每年每月天上总是出月亮的。这句虽有七个字，但只算有六个词，因为要把第五六或第一二或第三四两字合起来算一个词。下联虽有人对但大有逊色："朝朝朝朝朝朝朝""长长长长长长长"，因为一个是音招的早晨，一个是音嘲上朝拜谒皇帝，一个音肠作长短讲，或借作常，一个音掌作生长讲。以语言学的立场来论，要把朝朝长长看作形同而音义俱异的两个词。只有"朝朝朝""长长长"的前两个字算一个词，朝朝是早晨上朝，朝朝朝是每天早晨都要去朝拜皇帝。

通常把名词重叠表示每一个都怎样。如宋之问白头翁诗："年年岁岁花相似，岁岁年年人不同"，宋玉高唐赋"旦为朝云，暮为行雨，朝朝暮暮阳台之下"，又如"子子孙孙天天人人事事物物"，都是把代名词重叠，表示结巴或嗫嚅或恐怖愤怒的情感，已见前文。把形容词副词重叠，表示加重，如：《杨氏女杀狗劝夫》杂剧第二折"伴读书""白茫茫雪迷了人踪迹，昏惨惨雪闭了天和地，寒森森冻的我还窑内，滴溜溜绊我个合扑地，黑喽喽是谁醺醺醉，我我我定睛的观个真实"。又

◆嗫嚅：要说话而又顿住的样子。

◆《杨氏女杀狗劝夫》：元杂剧，萧德祥作。

如欧阳修蝶恋花："庭院深深深几许"？葛覃诗："其叶萋萋""其叶莫莫"，"草草、忽忽、红红的、绿绿的"都是。将动词重复在旧词章文言文里也表示加重动作的力量，如李清照声声慢："寻寻觅觅冷冷清清凄凄惨惨戚戚"，但在现代口语里，动词重复只表示短时间的动作，"喝喝"是略尝即止，"喝"也许就要夜以继日地牛饮下去。把书借我"看看"，我大略翻翻，走马看花，一会儿就可以还你，若把书借给我"看"，就是长时期地阅读了。下面引了两段曲文，作为结束：

《长生殿·弹词》货郎儿六转

吓哈哈——恰正好喜孜孜霓裳歌舞，不提防扑通通渔阳战鼓，划地里荒荒急急，纷纷乱乱奏边书，吓得个九重内心惶惧，早则是惊惊恐恐仓仓卒卒挨挨挤挤抢抢攘攘，出延秋西路，携着个娇娇滴滴贵妃同去，又则见密密匝匝的兵，重重叠叠的卒，闹闹吵吵轰轰划划四下喧呼，生逼恩恩爱爱疼疼热热帝王夫妇，霎时间书就一幅惨惨凄凄绝代佳人绝命图。

郑德辉《王粲登楼》第三折捣练歌

忽闻帘外杵声摇，声上声低声转高，罗袖长长长绕腕，轻轻播播播风飘，看看看是谁家女，巧巧巧手弄砧杵，停停听是两娉婷，玉腕双双双惊举，湾湾湾月在眉峰，花花花向脸边红，星眼长长长出泪，多多多滴捣衣中，泾开泾入泾纹波，叠叠重重重数多，相相相唤邻家女，欲裁未裁裁罗绮，秋天秋月秋夜长，秋

◆葛，gé。覃，tán。《葛覃》：《诗·周南》篇名。

◆划，chàn。划地里：平白地。

◆郑德辉：即郑光祖（？—1324之前），字德辉，元戏曲作家。与关汉卿、马致远、白朴并称"元曲四大家"。

日秋风秋渐凉，秋景秋声秋雁度，秋花秋色秋叶黄，中秋秋月旅情伤，月中砧杵响哨哨，哨哨响被秋风送，送到征人思故乡，故乡何在归途远，途远难归应断肠，断肠只在纱窗下，纱窗曾不忆徬徨，休玩休玩中秋月，月到中秋偏皎洁，此夜家家家捣衣，添入离愁愁更切，寒露初寒寒草边，夜夜孤眠孤月前，促织促织叫复叫，叫出深秋砧杵天，谁能秋夜闻秋砧，切切悲悲悲不禁，况是思归归未得，声声捣碎故乡心。诗云寒蛩唧唧细吟秋，夜夜寒声到枕头，独有愁人听不得，愁人听了越添愁。

（选自《张清常文集》第2卷）

延展阅读

什么叫"双声""叠韵"（节选）

罗常培

比如有人念《论语》碰到"澹台灭明"一个名字，若在发音的时候稍一留心体验，就会觉得"澹台"两个字起头儿的声音相同，"灭明"两个字起头儿的声音也相同；要是他学过注音符号的话，还可以知道前两个字用"ㄊ"起头儿，后两字用"ㄇ"起头儿。再比如有人念到《诗经》"营营青蝇"一句的

第三课　词　汇

时候，也会不期然而然地觉着这四个字末了的声音好像一样；他若晓得国语拼音的话，还可以辨别出这四个字末了的声音都是"ㄧㄑ"。由此类推，我们还可以举出"宝贝满门"四个字，上两个用"ㄅ"起头儿，下两个用"ㄇ"起头儿；"斋庄中正"四个字都用"ㄓ"起头儿。还有"溪西鸡齐啼"五个字末了儿都是"ㄧ"；"枯湖无孤蒲"五个字末了儿都是"ㄨ"（以上各例的读音都以国语为准）。像这类的例子一时是举不完的。凡是一个字起头儿的声音叫作"声"，一个字末了的声音叫作"韵"；两个字或两个字以上起头儿的声音相同的叫作"双声"，两个字或两个字以上末了儿的声音相同的叫作"叠韵"。

假如中国话是拼音文字，这本来用不着多费话。可是汉字是囫囵不可分的，从它的本身分析不出什么声音元素来，要想辨别出哪个是起头儿的音，哪个是末了的音，在没有受过拼音训练的人也许一辈子摸不着头脑。所以讲到双声叠韵的道理，老生宿儒或许弄不清楚，学过注音符号的小学生反倒可以心知其意。况且古今音韵的变迁，方言读法的纷歧，更加裹在里头纠缠不清。譬如"斋庄中正"四个字在国语固然是双声，可是在隋唐时代的读音，上两个字虽然还含"ㄓ"，下两个字就应该是"ㄐ"；现代方言有把四个字都念作"ㄗ"声的，也有把上两个字念作"ㄗ"声，下两个字念作"ㄐ"声的。这样一来，双声叠韵便成了神秘的玩艺儿了。

主讲人 张清常

字的次序与词的次序

昔日有段故事说某翰林误把"翁仲"写成"仲翁",乾隆皇帝题诗一首。

"翁仲"如何作仲翁?十年窗下欠夫功,如今不许为林翰,罚到江南作判通。

因为"翁仲""功夫""翰林""通判"都是由两个字组合而成的词,误作仲翁,戏作"夫功""林翰""判通"乃是"字"的顺序颠倒,这种颠倒是说不通的,只变了本来的词而不能构成新的词,所以算错误和开玩笑。

如果组成一个词的那两个字是意义相近或相同的,有时可以颠倒,许多人常拿"喜欢""欢喜""力气""气力""语言""言语""和谐""谐和""训教""教训""较比""比较""闲空""空闲""勉强""强勉""情感""感情""情爱""爱情",替换着来用,在词义上也没有多大的改变,不过为调和平仄或改变一下觉得新鲜而已。当然也有的是由于各地方官的关系,国语说:"我喜欢这样做""这样做省力气",贵州话说:"我欢喜这样做""这样做省气力"。又有些词,把字颠倒后,不能说词义文法上没有改变，如"才干""干才""算盘""盘算""算上""上算""派别""别派"等。在旧韵文诗词戏曲里，乃至于今日戏词唱本，为了就韵，可以把"悲伤""凄惨"之类，颠倒为"伤悲"（如皮簧戏《白逼宫》"提前因，叫孤王好不伤悲"与泪、对、随、辈、杯、碎、非——叶韵）倒为"惨凄"（如皮簧戏《元宵谜》"母女分别甚惨凄"与起、意、离——叶韵）如果有人平常说话就讲"这事儿真惨凄"！一定吓人一愣。另外，如把"进行"说成"行进"，虽然日本人看着顺眼，中国人听着可怪刺耳的。（不过照目前情形，"好转""演出"等语日渐流行，将来"行进"也许会在抗日的口号中出现？）

却也有些字可以颠倒成词，但这摇身一变，就成了另外的一件事了，例如"结巴""巴结"，"人情""情人"，"情敌""敌情"，"文明""明文"，"部首""首部"，"兄弟""弟兄"，"嗣后""后嗣"，或者就由复音词转为几个单音词了。如"说白""白说"，"马上""上马"，"国家""家国"，"交相""相交"，"墨笔""笔墨"，"部下""下部"，"马国英""英国马"。

我们知道一个字常有几种不同的意义，或者说形同而音义俱异。例如"假"，既是真假的假，又是假期的假，所以"病假"与"假病"不同，"间（闲）空"与"空闲"不同。

倘若我们可以放心大胆地乱写别字，再把它颠倒，便有许多热闹可看：

◆《白逼宫》：京剧作品，又名《逍遥津》，根据《三国演义》第六十六回改编。

◆《元宵谜》：京剧作品，由京剧"四大名旦"之一的荀慧生编演。

变换/幻变　毕竟/敬避　肺病/病废　地下/下第　天下/夏天　夏至/治下　春香/香椿　学生/升学　无须/虚无　行官/官刑　全承/成全　唱和/合唱　别针/甄别　失败/拜师　沉痛/痛陈　便船/传遍　回避/避讳　兵权/权柄　小学/学校　铲除/出产　世故/古事　呈请/亲承　其实/时期　丞相/相成　响亮/亮像　薄荷/河伯

当然现在还没有人把白字写得这么乱这么巧的。

以上所说，乃是一个词里面，字的次序问题。

附注：从前中华书局《小朋友》杂志有位编辑叫马国英，因为他的名片是横着印的，马国英，就被人家由右往左地看成了"英国马"，又在宋人笔记里（书名我忘了）说到有人被仇家陷害，诬告他家里私筑宫室，有"停春殿"，意图不轨，原来他确筑了一亭，题名"亭春殿"，要诬告他的人便故意地由左往右读，再加上"立人"，成为"停春殿"。

要想分别"字"和"词"，须先知道他是什么东西。如果是"东西南北之人也"的东西，这便是东方和西方两个单音词。如果是"人？东西？"的东西，便是两个字组合成的一个复音词。

词的位置先后移动，不唯影响到词性，而且常使文义改变。

"虚心"与"心虚"不同，虚心请益是多么好的事！做贼心虚是多么糟糕的事！"我打你""你打我"，词儿一颠倒，官司打不清。"我爱你（的）弟弟""弟弟我爱你"更是纠缠。前辈钱琢如先

◆ 亮像：今写作"亮相"。

◆ "又在……'停春殿'"："亭春殿"按宋人习惯，应从右向左读作"殿春亭"，据说出自苏轼"亭下殿余春"一句。"殿"原指高大的堂屋，后来专指帝王所居或供奉神佛之所。

◆ 钱琢如：即钱宝琮（1892—1974），字琢如。中国现代数学史家、天文学史家。

生告诉我：日本商店的横牌广告上写"本日大卖出"，如果反转过来看，岂不成"出卖大日本"了吗？我国旧日文字游戏中有一种叫<u>卷帘格</u>灯谜的，例如："美人一笑卷珠箔，遥指红楼是妾家"。本解作"女语吾居"，如果把这四个词条卷珠箔一般地倒读上去，就成了《论语·阳货》上的那句："居，吾语女（汝）"了。此外多罗山樵、陆紫芝、张少齐、邬明之等四人之《庚词汇》中载有：

  小园客至稀（《孟子》）——寡人之<u>囿</u>

  <u>十二点钟</u>——卒于鸣条

  饬饴不可以为饱——饥者甘食

  <u>灵辄倒戈</u>（《易》）——食旧德

  郊有道不废——用以客

  不通民情——充耳目之官

  齐人伐燕——之子于征

  不与我同姓——兄弟匪地

  重上君子堂——室人入室

  秦始皇即位——<u>帝立子生商</u>

  有客信信（《左传》）——宿于重馆

  翔而后集——下展禽

  予及汝偕亡（《礼记》）——死于往日

  疏略——要其节奏

  孺悲——哭声儿

  <u>匍匐往将食之</u>（古人名）——李寿

  <u>东山丝竹</u>（地名）——乐安

  <u>舜之子亦不肖</u>（水浒人名）——朱仝

这些灯谜，无论工巧与否，顺读反读，俱能成

◆卷帘格：谜底为三个字或三个字以上，倒读可与谜面相扣，就像帘子卷起又放下一样，因此得名。

◆囿：古代帝王畜养禽兽的园林。

◆十二点钟：古代十二点钟是午时，且有"午时问斩"的惯例。

◆灵辄倒戈：春秋时期晋灵公武士灵辄为报旧恩而倒戈。

◆帝立子生商：子是有娀氏之女简狄，相传吞玄鸟蛋而生商的始祖契。秦的起源也有玄鸟的神话。

◆匍匐往将食之：《孟子》记载，陈仲子三天没吃饭，井台的旁边有李子树，于是匍匐爬过去吃李子。

◆东山丝竹：东晋谢安隐居东山时，经常携带乐器游玩，音乐丝竹之声不断。

◆舜之子亦不肖：全句为"丹朱不肖，舜之子亦不肖"。

◆仝：同"同"，相同。

文,这还算是技巧较简单的,诗词里有回文一体,晋以后盛行。傅咸有回文反复诗,梁简文帝有回文纱扇铭,金石载有六朝时回文钟铭,最出名的是前秦窦滔之妻苏蕙(若兰)的璇玑阁"题诗二百余首,计八百余字,纵横反复,皆成文章"❶。后代回文之作颇多,论量要以明代万树(红友)之《璇玑玉锦》二卷为最。因手边缺书,姑举旧录回文诗两首为例,聊胜于无而已。

金山回文

潮回暗浪雪山倾,远浦渔舟钓月明,桥对寺门松径小,槛当泉眼石波清,迢迢绿树江天晓,霭霭红霞海日晴,遥望四边云接水,碧峰千点数鸥轻。

题织锦图回文

春晚落花余碧草,夜凉低月半梧桐,人随雁远边城暮,雨映疏帘绣阁空。

词的次序先后,大概是"综合性"越重的族语越不重视他,例如拉丁文以其名词而论,便因其在句中所处的文法上地位不同而有若干格(Case),动词也因主词的"身""数"动作的"时""态"等等而有变化,这样的使每个词词尾不停地变换着,使我们一眼便知道这个词是做主语用或是做宾语,是现在的动作还是过去的。意大利文Canto是我唱,Canti是你唱,Cansa是他唱。法文ami是一位男朋

◆回文:词序回环往复,顺读逆读都可的一种诗歌形式。

◆苏蕙:十六国时前秦诗人。字若兰。

◆明代:应为清代。

◆金山回文:此诗可正读,可倒读。倒读从"轻鸥数点千峰碧"一句至首句。下文中的《题织锦图回文》也是同样情况。

◆格:以一定的形式表示名词、代词等在语言结构中与其他词的种种关系,如主格、宾格、所有格等。现代汉语没有"格"。

---

❶ 苏蕙被誉为回文诗之祖,女皇武则天曾亲笔为其写传,盛赞其才华,详见课后延展阅读:《织锦回文记》。

友，une amie 是一位女朋友。这都由字形的变化上表现出来，所以词的先后次序，并不重要，尤其是在拉丁文里。例如"Alexa der 战胜 Darius"这句话写成拉丁，可有下列形式：

Alexander vicit Darium.

Darium vicit Alexander.

Darium Alexandlr vicit.

因为 Darius 是受事者是被打败的，词尾换成了 -m，Alexander 是主动者，是战胜别人的，所以字形不改，（拉丁文意文法文各例采自王了一师《中国语文概论》）如果英语说"我打他"I beat him 也像拉丁文似的颠倒了次序，成为 Him beat I 就不行了，因为英语的综合性较比拉丁文弱得多了，而且英文也渐渐地注重词的先后次序了。在中国语里，无论是口语或文字，词的本身没有语法上的词性表现，即如第一身的代名词无论为主为宾为领有者都是"我"字。所以北平说相声的也就借此来取笑，不管这种取笑占便宜是多么无聊，不高明，反正就语法上来说，有道理。

如果有人把"我打他"换成"他打我"，除了在为人与自己良心上不对劲之外，在文字上语言上可真是偷梁换柱而不留痕迹，杀人不见血的勾当。这种情形，英文也有。英语的名词因为没有表现"格"的字形变化，便不能不以词所在的位置来表示该名词所具的格，例如 Father loves his child. 如果倒换成 Child loves his father. 在语法上也没有什么不可以的。又如法文 femm 本是名词，没有女性的

◆ Alexa der：应为"Alexader"。

◆ Alexander vicit Darium：可译作"亚历山大战胜大流士"。

professeur和medicin这个字，便把女教授和女医生说成profess ur femme和medicin femme，这样一来femme简直成了形容词。若论词的次序最固定的要算中国语。若把词的先后次序改变就会改变它的词性跟着也对于文义大有影响。所以"高山小月"和"山高月小"不同。

但是，中国语虽可使词前后次序自由改变，但却不是随便乱摆的，法文日文式的，"我肉吃""汤吞"这种句法在中文来说是不顺的，爱尔兰语把动词放在句首，土耳其语把动字放在句末，全由于习惯。如果按"我不怕他"的次序说句Moi pas craindre lui法国人听着一定头痛。关于中国语词在句中的位置，王了一师《中国文法初探》已经详论到，兹不赘述。

当然，像"矢石雨下"这种句子，"矢""石""雨"原来都是名词，雨字当"如雨点般的"讲，变副词，矢石仍作名词用，一个倒霉，两个照旧，似乎离奇，也有点儿不公平似的，其实这只怪"雨"字距离"下"字太近了。

现在拿四个词"喝不喝水？"玩一回翻筋斗"掉毛儿"看看。如果两个"喝"碰着粘在一起，就只算一个表示短时期动作的动词来看待，当"略微喝一点儿"讲：——

（甲）A"喝不喝水？" B"喝不喝？水。"

（乙）C"水喝不喝？" D"水，喝不喝？"

◆动字：即动词。

（丙）E"水喝喝不？"F"水，喝喝不？"

（丁）G"喝水不喝？"H"喝水不？喝？"I"喝水？""不喝。"J"喝水？不喝。"K"喝水不？""喝。"L"喝水？不喝？"

（戊）M"喝喝水不？"N"喝喝水？不。"O"喝喝水？""不。"

（己）P"不喝喝水？"Q"不喝喝？水。"R"不喝，喝水。"

（庚）S"水不喝喝？"T"水，不喝喝？"

这样七种形式二十句，句义解释，不尽相同，或者相差颇远，或成为两人对话的口气，或成为自言自语的口气，在此处都不必解释了。

至于说作骈文，如唐太宗《晋书·陆机传》论"矫翮南辞，翻栖火树；飞鳞北逝，卒委汤池。"与现在离开南方的说法不同，这乃是为了对仗而颠倒的。在修辞学上也颇讲究这种颠倒的润色修饰，杨遇夫师修词学里已经说得很详细了。

像杜诗"红豆啄余鹦鹉粒，碧梧栖老凤凰枝"，这种"语不惊人死不休"的句子固然美；像李元度改曾国藩弹劾他的奏折"屡战屡北"为"屡北屡战"固然巧；像"忽听门外人咬狗，举起门来开开手，拾起狗来打砖头，反被砖头咬一口。"固然可笑；又像

　　救　不　读

◆唐太宗《晋书·陆机传》：唐初房玄龄等人奉诏编修《晋书》时，唐太宗写了宣帝、武帝两纪和陆机、王羲之两传后论，因此今本《晋书》曾题作唐太宗文皇帝御撰。

◆"矫翮……汤池"意为：凤凰振翅，飞离南方，辞别了故土，反而栖息于灼烧着的火树上；龙向北飞逝，最终却落入了沸水中。此句以凤、龙指陆机和陆云两兄弟，二人在孙吴灭亡后投身西晋司马氏，但最终双双被杀。句中"南辞""北逝"按照正常语序应为"辞南""逝北"。

◆杨遇夫：即杨树达（1885—1956），字遇夫，中国现代语言文字学家。

◆修词学：应为"修辞学"。

◆"红豆……凰枝"：出自杜甫《秋兴》，正常语序应该是"鹦鹉啄余红豆粒，凤凰栖老碧梧枝"。

◆北：败走，败逃。

117

国　忘　书

由右向左直行看是"读书不忘救国",由左向右直行看是"救国不忘读书",这些固然有趣,这篇文章里都从略了。

(选自《张清常文集》第2卷)

延展阅读

织锦回文记
[武周] 武则天

【原文】

前秦苻坚时,秦州刺史扶风窦滔妻苏氏,陈留令武功道质第三女也,名蕙,字若兰。识知精明,仪容秀丽,谦默自守,不求显扬。行年十六,归于窦氏,滔甚敬之。然苏性近于急,颇伤嫉妒。

滔字连波,右将军子真之孙,朗之第二子也。风神秀伟,该通经史,允文允武,时论高之。苻坚委以心膂之任,备历显职,皆有政闻。迁秦州刺史,以忤旨谪戍敦煌。会坚寇晋,襄阳虑有危逼,藉滔才略,乃拜安南将军,留镇襄阳焉。

初,滔有宠姬赵阳台,歌舞之妙,无出其右,滔置之别所。苏氏知之,求而获焉,苦加捶辱,滔深以为憾。阳台又专形苏氏之短,谗毁交至,滔益忿焉。苏氏时年二十一,及滔将镇襄阳，邀其同往，苏氏怨之，不与偕行。滔遂携阳台之任，断其音问。苏氏悔恨自伤，因织锦回文，五彩相宣，莹心耀目。其锦纵横八寸，题诗二百余首，计八百余言，纵横反覆，皆成章句。其文点画无缺，才情之妙，超今迈古，名曰《璇玑图》。然读者不能尽通。苏氏笑而谓人曰："徘徊宛转，自成文章，非我佳人，莫之能解。"遂发苍头，赍致襄阳焉。滔省览锦字，感其妙绝，因送阳台之关中，而具车徒盛礼，邀迎苏氏，归于汉南，恩好愈重。

苏氏著文词五千余言，属隋季丧乱，文字散落，追求不获。而锦字回文，盛见传写，是近代闺怨之宗，旨属文士，咸龟镜焉。朕听政之暇，留心坟典，散帙之次，偶见斯图，因述若兰之才，复美连波之悔过，遂制此记，聊以示将来也。如意元年五月一日，大周天册金轮皇帝御制。

【译文】

在前秦苻坚统治时期，秦州刺史窦滔的妻子苏氏，是陈留县令苏道质的第三个女儿，名叫苏蕙，字若兰。她聪慧敏锐，容貌仪态秀丽，为人谦逊沉默、安分守己，不追求显耀声名。她十六岁那年，嫁给了窦滔，窦滔十分敬重她。然而苏蕙性格有些急躁，还很容易嫉妒。

窦滔字连波，是右将军窦子真的孙子，窦朗的第二个儿子。他风度神态潇洒不凡，博通儒家经典和历史书籍，文才武略兼备，当时的人们对他评价很高。苻坚视窦滔为心腹，将重任托付给他，他历任各种显要职位，在每一个职位上都有良好的政治声誉。后来窦滔晋升为秦州刺史，却因为违背了皇帝旨意，被贬谪戍守敦煌。恰逢苻坚发兵攻打东晋，考虑到襄阳可能面临危险，需要借助窦滔的才能谋略，于是就授予他安南将军的官职，留他镇守襄阳。

　　起初，窦滔有一个宠爱的姬妾叫赵阳台，她的歌舞技艺精妙无比，没人能比得过她，窦滔把她安置在别处居住。苏蕙得知此事后，派人去搜寻并找到了她，狠狠地对她加以捶打侮辱，窦滔对此深感遗憾。而赵阳台又专门揭露苏蕙的缺点，谗言、毁谤的言语交替传入窦滔耳中，窦滔就更加怨恨苏蕙了。苏蕙二十一岁时，窦滔要去镇守襄阳，邀请她一同前往，苏蕙心中愤恨，不肯与他同行。窦滔便带着赵阳台赴任去了，还断绝了和苏蕙的通信。苏蕙又悔恨又伤心，于是用五彩丝线织成回文诗图，各种颜色相互映衬，光彩照人、耀眼夺目。这幅锦缎长、宽各八寸，上面题了二百多首诗，总计八百多字，顺着读、倒着读，回环往复都能构成完整的诗篇。文字上没有任何缺失，才情之妙，超越了古今之人，这幅图被命名为《璇玑图》。不过阅读它的人并不能完全读懂其中的意思。苏蕙笑着对别人说："回环往复之间，自然能成文章，除了我的丈夫，没有人能读懂它呀。"于是她派遣奴仆，将这幅《璇玑图》送到襄阳去给窦滔。窦滔仔细阅读锦缎上的文字后，被它奇妙绝伦之处感动，于是把赵阳台送回关中老家，并且备办了车辆和奴仆，以盛大的礼仪，迎接苏蕙来到汉水之南的襄阳，夫妻之间的感情变得比以前更好了。

　　苏蕙写过五千多字的文章，正赶上隋朝末年时局动乱，那些文字都散失了，尽力去寻找也没能找到。但是她所织就的回文锦字诗图，却被人们辗转抄写流传开来，它可以说是近代闺怨诗的典范之作了。那些撰写文章的文人，都把它拿来作为对照学习的榜样。我在坐朝处理政务的空闲时候，会用心研读古代典籍，打开书卷阅读的时候，偶然看到了这幅《璇玑图》，因此记述一下苏若兰的才情，又赞美窦连波能

第三课 词　汇

够悔过，于是写下这篇文章，姑且用它来告示后世之人。如意元年（692）五月一日，由大周天册金轮皇帝（即武则天）撰写。

苏蕙璇玑图

词 类

主讲人 王　力

（一）假定您看见一匹马，您叫它"马"，"马"就是它的名。又假定您看见一张桌子，您叫它"桌子"，"桌子"就是它的名。我们把"马"和"桌子"都叫作名词，因为它是实物的名称。人为万物之灵，可见人也算是物之一种；因此，"人"字也是名词。

名词所代表的物，大多数是看得见，摸得着的。但是，社会的组织，如"政府、团体、会议"等，虽然看不见摸不着，也该认为名词。哲学上或科学上对于某一类事物所给予的名称，如"道德、因素"等，也该认为名词。

名词所代表之物，往往是一个通名。例如"马"字，并非专指某一匹马，而是泛指一切的马。但是咱们普通所谓人名或地名，却是专指某一个人或某一个地方而言。例如"孙中山"专指一个人，"上海"专指一个地方。我们把这种名词叫作专名（"张先生"也是专名。中国虽有许多张先生，但当咱们谈及张先生时，必系专指某一位张先生而言）；专名和通名是对立的。

此外还有"个、只、张、把"一类的字，我们

◆ 单位名词：现在一般称为量词，表示事物或动作的单位。

◆ 德性：此处意为属性、特征。

也把它们认为名词之一种，叫作单位名词，因为它们是表示人、物的单位的。等到第四章里，我们再详细讨论它们。

（二）假定您先看见一匹马，再看见两匹，共成三匹。这一、二、三便是实物的数目。我们把一切的数目字都叫作数词，连"半、双"等字都包括在内。

（三）假定您看见一匹马，您觉得这马是白的。这"白"就是那马的德性。又假定您和一个朋友相处，您觉得他是好人，这"好"就是那人的德性。咱们往往拿这些表示德性的词去形容人、物，所以这一类的词叫作形容词。

（四）假定您注意到一只鸟在飞，这"飞"乃是那鸟的一种行为。又假定您注意到一个人在读书，这"读"乃是那人的一种行为。凡行为都是一种动态，所以我们把这种表示动态的词叫作动词。

不过，我们还要把动词的范围扩大些；凡词之表示某一种事件者，我们把它们都叫作动词。人、物的每一种行为都可称为事件，但是咱们不能倒过来说世上每一个事件都是行为。例如说"张先生病了"，这"病"是一个事件，却不是一种行为。又如说"他昨天死了"，这"死"也是一个事件，不是一种行为。在中国语法里，我们把"病、死"一类的字都叫作动词，因为它们虽不表示一种行为，却能表示一个事件的缘故。

有一种词，它们虽不能表示一种行为，却能帮助一个动词而表示一种行为的性质，如"我把这一只鸡卖掉"，"把"字帮助"卖"字，表示这卖的行为是我对于这鸡的一种处置。又如"我被他骂了一顿"，"被"字帮助"骂"字，表示这骂的行为不是我所施行的，而是我所遭受的。这种词，我们把它们叫作助动词。因为它们是从动词变来的，所以也归入动词一类。

　　实词　我们对于名、数、形容、动四种词，给它们一个总名，叫作实词。大致说起来，除数词表示数目之外，名词是表示实物的，形容词是描写实情的，动词是叙述实事的（严格地说，名词该称为"体词"，形容词该称为"德词"，动词该称为"事词"。但是，"名、形容、动"的名称沿用已久，也不必更动了）。实词之中，每一个词都有它的理解，它们都能给予咱们一种实在的印象，所以实词也可称为理解成分。假使语句中没有实词，就会失掉语言的价值，因为没有实词，则对于实物、实情、实事都无所指，而语言就毫无意思了。因此，正常的句子里至少必须有一个实词；没有实词就造不成一个句子。

　　（五）另有些词，它们能表示程度、范围、时间、可能性、否定作用等，然而它们并不能单独地指称一种实物、一种实情或一件实事。它们必须附加于形容词或动词，方能表示一种理解。这样，可说是比形容词或动词更次一等，所以我们把它们叫作副词。例如：

　　很　最　更　甚　太　忒　颇　稍　略　都
　　只　总　另　已　曾　未　才　方　忽　渐　再

必　果　可　能　配　也许　不　别

副词可说是介乎虚实之间的一种词。它们不算纯虚，因为它们还能表示程度、范围、时间等；然而它们也不算纯实，因为它们不能单独地表示一种实物、一种实情或一种实事。

（六）另有些词，它们本身并不表示某一类的实物、实情或实事，然而在某一些情形之下，它们却能代替名词、形容词或动词的用途。由此看来，它们的本身是虚词，而它们所代替的却是实词。这种词，叫作代词。

代词之中有所谓人称代词，如"我、我们、你、你们、他、他们、自己、人家"之类。❶有所谓指示代词，如"这、那"之类。又有所谓疑问代词，如"谁"字，和人称代词相当；如"哪"字，和指示代词相当。其余的详细分类，待第四章再述。

就大多数的情形而论，代词是代替名词的，所以也有人叫它作代名词。然而有些代词却是代替形容词的。例如有人劝您安静看戏，您就做出安静的样子，对他说："我这么看戏，还不算安静吗？"这里的"这么"，就是代替"安静"的。又有代词却是可以代替动词的。例如先生对学生说："你们应该运动，不然，身体就不容易强健了。"这

---

❶ 中国古代没有"她"这个代表女性的人称代词。1920年，刘半农在诗歌中运用"她"字，又写了一篇文章反驳当时社会上一些反驳"她"字的声音，详见课后延展阅读：《教我如何不想她》《"她"字问题》。

"然"字就是代替"运动"的。所以我们只称为代词,不称为代名词。

(七)"是"字和"像、似"等字应自成一类。在论理学上,"是"字叫作系词。我们在本书里也把"是"一类的字,叫作系词,"像"一类的字,叫作准系词,这且待第三章里详谈。

(八)"与、和、且、况、之、于"一类的字,它们能把某一词联结于另一词,或把某一词群联结于另一词群,所以我们把它们叫作联结词(参看第三章第八节)。

(九)"吗、呢、罢、呀"之类,它们能表示全句的语气,我们把它们叫作语气词(参看第三章第六节)。

虚词 联结词和语气词都是纯粹的虚词。实词好比人身的骨干;虚词之中,联结词好比脉络,语气词好比颜色。

副词、代词、系词、联结词、语气词,以及记号(见于第三章第四节),都可称为语法成分。语法成分是和理解成分对立的,因为它们对于实物、实质、实情都无所指。但是,假使没有它们,语言就缺乏简洁性、明白性,及种种细微的情绪表现。因此,我们以为理解成分和语法成分,都是语言的要素。

词的种类,大致可如下表:

◆记号:根据作者(王力)的定义,记号是一种附加成分,用来表示词或词组的性质。如"栗子"中的"子"字表示"栗子"是一个名词;在"最好的书"这个词组中,"的"字表示"最好"是一个修饰品。

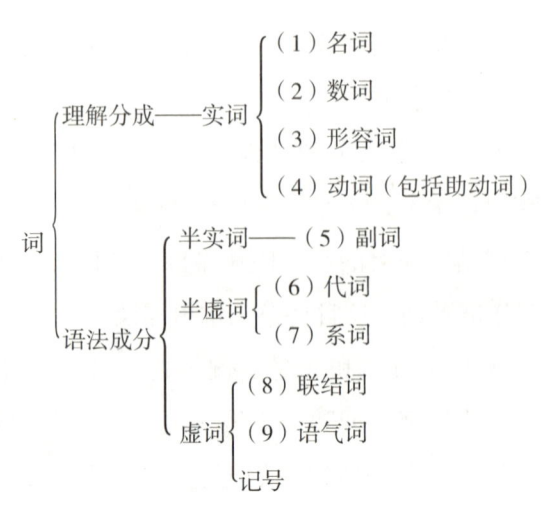

```
            ┌─ 理解分成 ── 实词 ┬ (1) 名词
            │                  ├ (2) 数词
            │                  ├ (3) 形容词
            │                  └ (4) 动词（包括助动词）
     词 ────┤
            │              ┌ 半实词 ── (5) 副词
            │              │
            └─ 语法成分 ────┤ 半虚词 ┬ (6) 代词
                           │        └ (7) 系词
                           │
                           └ 虚词 ┬ (8) 联结词
                                  ├ (9) 语气词
                                  └ 记号
```

词的分隶 词虽可以分类，但每一个词不一定仅隶属于一类。有时候，一个词可以分隶于二类或三类，我们把这种情形叫作词的分隶。

研究词的分隶，首先该避免误分。"他不在家"的"在"，和"他不在家吃饭"的"在"，都是动词，咱们只能说它们所处的地位不同（前者处于主要地位，后者处于次要地位），却不能认为两类。"吃奶"的"奶"，和"我从小奶了他这么大"的"奶"，都是名词，咱们只能说它们的职务不同（前者是名词的正常用法，后者是名词的变性），也不能认为两类。此外，"贤人"的"贤"和"不论贤愚"的"贤"，"他劝我"的"劝"和"我信他的劝"的"劝"，都只是职务的不同（职务的不同就是词品的不同……❶），不是词类的不同。

咱们要看词之应否分隶，不该看它是否有两种地位或职务，而该看它是否有两种相差颇远的意

---

❶ 此处有删减。

◆词品：在多个词组成的词组和句子中，不同的词所处的地位有等级之分，这就是品，品又分首品、次品、末品。如"自成首尾"的"首"是首品，"身为首相"的"首"是次品，"首当其冲"的"首"是末品。

义,例如"花木"的"花",和"花了两千块钱"的"花",意义相差很远,咱们就可以把"花"字分隶于名、动两词。咱们也不必追究这两种"花"字是否同一来源,只看一般人不会觉得它们的意义有相似处,就可认为词的分隶了(当然,意义不相似者,词类也可以相同,例如"木石"的"石"、"三石米"的"石"、"石先生"的"石",都是名词)。现在举一些例子来看:

(甲)分隶名、动者

我写信:我不信

三点一刻:刻图章

觥筹交错:筹款赈济

看戏:宝钗戏彩蝶

阳湖学派:派到各处

做活:活不了

卖报的孩子:报仇雪恨

张先生:向人张口

(乙)分隶名、形者

公侯:公事

精力:精细

乌啼:乌衣

晚上:来晚了

太平洋:洋货

(丙)分隶动、形者

生儿子:生手

约会:隐约

端上来:端正

（丁）分隶名、虚或形、虚者

各得其所：一无所长

雄才大略：所见略同

谨守规则：学而不思则罔

别的事：你别去

有时候，因为词性不同的缘故，就连语音也发生了歧异。在古代传下来的词汇里，以声调的歧异为最常见的现象，例如：

种：上声，名词；去声，动词

量：去声，名词；平声，动词

传：平声，动词；去声，名词

盛：平声，动词；去声，形容词

好：上声，形容词；去声，动词

恶：入声，形容词；去声，动词

相：平声，代词；去声，名词

在现代的词汇里，仅靠声调的歧异以表示词性之不同者，虽也不是没有：

臊：平声，形容词（腥也）；去声，动词（羞也）

罢：去声，动词（罢手，罢工）；轻声，语气词

然而大多数都是音素上发生歧异的。例如：

还：huán，动词；hái，副词

都：dū，名词（国都）；dōu，副词

和：hé，形容词；hán，联结词

的：di，名词（目的），又形容词（的确）；de，记号

了：liǎo，动词；le，记号

◆hán：北京土话中联结词"和"有"hán"一音，现在一般念"hé"。

着：zhuó（着落），zháo（着凉），zháo（睡着、打着），都是动词；zhe，记号

么：ma，语气词；me，记号

　　这样不同音的字，咱们尽可认为绝不相同的两个词。它们的语音和意义都不相同，只有文字上相同罢了。假使没有文字的记载，咱们听见声音不同的两个字，怎能知道它们本是一个词的呢？根据这个理由，凡不同音的字都该认为不相同的词；即使它们的意义十分相近，写起来又是同形，也该分隶于两个词类了，例如：

学：xué，名词；xiào，动词

背：去声，名词；又阴平声，动词（负也）

扇：去声，名词；又阴平声，动词（亦作"搧"）

多：阴平声，形容词，又阳平声，副词（如"多好"）

◆着落：安顿；发落。

◆xiào：同"斅"，教导。

定　义

定义三：凡实物的名称，或哲学、科学上的名称叫作名词。

定义四：凡词之表示数目者，叫作数词。

定义五：凡词之表示实物的德性者，叫作形容词。

定义六：凡词之指称行为或事件者，叫作动词。

定义七：凡词，仅能表示程度、范围、时间、

可能性、否定作用等，不能单独地指称实物、实情或实事者，叫作副词。

定义八：凡词本身能表示一种概念者，叫作实词。

定义九：凡词本身不能表示一种概念，但为语言结构的工具者，叫作虚词。

练 习

下面一些词，试指出它们各属于什么词类：

人 他 依 伪 九 奇 吗 于 弱 棋 弃 用 在 空 北 舞 又 铁 头

（选自《中国现代语法》）

延展阅读

教我如何不想她
刘半农

天上飘着些微云,
地上吹着些微风。
啊!
微风吹动了我头发,
教我如何不想她?

月光恋爱着海洋,
海洋恋爱着月光。
啊!
这般蜜也似的银夜,
教我如何不想她?

水面落花慢慢流,
水底鱼儿慢慢游。
啊!
燕子你说些什么话?
教我如何不想她?

枯树在冷风里摇,
野火在暮色中烧。
啊!
西天还有些儿残霞,
教我如何不想她?

教我如何不想她

"她"字问题

刘半农

有一位朋友，看见上海新出的《新人》杂志里登了一篇寒冰君的《这是刘半农的错》，就买了一本寄给我，问我的意见怎么样。不幸我等了好多天，不见寄来，同时《新青年》也有两期不曾收到，大约是为了"新"字的缘故，被什么人检查去了。

幸亏我定了一份《时事新报》，不多时，我就在《学灯》里看见一篇孙祖基君的《她字的研究》，和寒冰君的一篇《驳她字的研究》。于是我虽然没有能看见寒冰君的一篇文章，他立论的大意，却已十得八九了。

原来我主张造一个"她"字，我自己并没有发表过意见，只是周作人先生在他的文章里提过一提；又因为我自己对于这个字的读音上，还有些怀疑，所以用的时候也很少（好像是至今还没有用过，可记不清楚了）可是寒冰君不要说，"好！给我一骂，他就想抵赖了！"我决不如此怯弱，我至今还是这样的主张；或者因为寒冰君的一驳，反使我主张更坚。不过经过的事实是如此，我应当在此处声明。

这是个很小的问题，我们不必连篇累牍的大做，只须认定了两个要点立论：一，中国文字中，要不要有一个第三位阴性代词？二，如其要的，我们能不能就用"她"字。

先讨论第一点。

在已往的中国文字中，我可以说，这"她"字无存在之必要；因为前人做文章，因为没有这个字，都在前后文用关照的功夫，使这一个字的意义不至于误会，我们自然不必把古人已做的文章，代为一一改过。在今后的文字中，我就不敢说这"她"字绝对无用，至少至少，总能在翻译的文字中占到一个地位。姑举一个例：

她说，"他来了，诚然很好；不过我们总得要等她。"这种语句，在西文中几乎随处皆是，在中国口语中若是留心去听，也不是绝对听不到。若依寒冰君的办法，只用一个"他"字：

他说，"他来了，诚然很好；不过我们总得要等他。"这究竟可以不可以，我应当尊重寒冰君的判断力。若依胡适之先生的办法，用"那个女人"代替"她"（见《每周评论》，号数已记不清了），则为：

那个女人说，"他来了，诚然很好；不过我们总得要等那个女人。"

意思是对的，不过语气的轻重，文句的巧拙，就有些区别了。

寒冰君说，"我""汝"等字，为什么也不分起阴阳来。这是很好的反诘，我愿读者不要误认为取笑。不过代词和前词距离的远近，也应当研究。第一二两位的代词，是代表语者与对语者，其距离一定十分逼近；第三位代表被语者，却可离得很远。还有一层，语者与对语者，是不变动，不加多的；被语者却可从此人易为彼人，从一人增至二人以上。寒冰君若肯在这很简易的事实上平心静气想一想，就可以知道"她"字的需要不需要。

需要与盲从的差异，正和骆驼与针孔一样。法文中把无生物也分了阴阳，英文中把国名，船名，和许多的抽象名，都当作阴性，阿刺（拉）伯文中把第二位代词，也分作阴阳两性；这都是从语言的历史上遗传下来的，我们若要盲从，为什么不主张采用呢?(我现在还觉得第三位代词,除"她"字外,应当再取一个"它"字,以代无生物;但这是题外的话,现在姑且不说。)

此上所述,都是把"她"字假定为第三位的阴性代词;现在要讨论第二点,就是说,这"她"字本身有无可以采用的价值。关于这一点,可以分作三层说明:

一、若是说,这个字,是从前没有的。我们不能凭空造得。我说,假使后来的人不能造前人未造的字,为什么无论哪一国的字书,都是随着年代增加分量,并不是永远不动呢?

二、若是说,这个字,从前就有的,意思可不是这样讲,我们不能妄改古义。我说,我们所做的文章里,凡是虚字(连代词也是如此),几乎十个里有九个不是古义。

三、若是说,这个字自有本音,我们不能改读作"他"音。我说,"她"字应否竟读为"他",下文另有讨论;若说古音不能改,我们为什么不读"疋"字为"胥",而读为"雅",为"匹"?

综合这三层,我们可以说,我们因为事实上的需要,又因为这一个符号,形式和"他"字极像,容易辨认,而又有显然的分别,不至于误认,所以尽可以用得。要是这个符号是从前没有的,就算我们造的;要是从前有的,现在却不甚习用,变做废字了,就算我们错的。

最困难的,就是这个符号应当读作什么音?周作人先生不用"她"而用"伊",也是因为"她"与"他",只能在眼中显出分别,不能在耳中显出分别,正和寒冰君的见解一样。我想,"伊"与"他"声音是分别得清楚了,却还有几处不如"她":一,口语中用"伊"字当第三位代词的,地域很小,难求普通;二,"伊"字的形式,表显女性,没有"她"字明白；三，"伊"字偏近文言，用于白话中，不甚调匀。我想，最好是就用"她"字，却在声音上略略改变一点。

"他"字在普通语区域中，本有两读：一为t'a，用于口语；一为t'uo用于读书。我们不妨定"他"为t'a，定"她"为t'uo；改变语音，诚然是件难事，但我觉得就语言中原有之音读而略加规定，还并不很难。我希望周先生和孙君，同来在这一点上研究研究；若是寒冰君也赞成"她"字可以存在，我也希望他来共同研究。

孙君的文章末了一段说，"她"字本身，将来要不要摇动，还是个问题，目下不妨看作X：这话很对，学术中的事物；不要说坏的，便是好的，有了更好，也就要自归失败，那么，何苦霸占！

寒冰君和孙君，和我都不相识。他们一个赞成我，一个反对我，纯粹是为了学术，我很感谢；不过为了讨论一个字，两下动了些感情，叫我心上很不安，我要借此表示我的歉意。

寒冰君说，"这是刘半农的错！"又说，"刘半农不错是谁错？"我要向寒冰君说：我很肯认错；我见了正确的理解，感觉到我自己的见解错了，我立刻全部认错；若是用威权来逼我认错，我也可以对于用威权者单独认错。

国语运动的新方向

主讲人 罗常培

国语运动胚胎于三百年前，孕育于清季，而孳衍于民初，到了现在，已经约定俗成，变为政府功令所许可、人民所公认的一种教育政策了。

当明末清初之际，方以智、刘献廷一班人，受了耶稣会教士利玛窦、金尼阁的影响，颇想创造一种拼音文字来辅助国字的读音。后来龚定庵也打算搜罗中国十八省方言和满洲、高丽、蒙古、喀尔喀等语纂为《今方言》一书，他说："音有自南而北而东西者，有自北而南而东西者，孙曾播迁，混混以成。苟有端倪可以寻究，虽谢神瞽，不敢不听也。旁举字母翻切之旨，欲撮举一言，可以一行省音贯十八省音，可以纳十八省音于一省也。"这就是早期的国语统一论。自甲午战役（1894）以后，国人受外患的激荡而想减轻国字的繁杂以促进教育者，更加热烈。计自清光绪二十一年（1895）到1918年，参加这种运动而创造标音简字的，前后不下四十余人，真所谓"个个想做仓颉，人人自算佉庐"，其中尤以卢戆章、劳乃宣、王照等最为努力。由这种运动递演的结果，便成功了1918年11月23日教育部公布的那一套国语注音符号。有了这套

◆方以智、刘献廷：明清之际学者，在古汉语音韵、训诂等方面都贡献颇多。

◆龚定庵：即龚自珍（1792—1841），号定庵，清末思想家、文学家。

◆十八省：清康熙以来，对长城以南的明代故土分为十八省，边疆不置省。到清末，新疆、台湾、奉天、吉林、黑龙江陆续建省，但仍沿称这十八省为内地十八省。

◆满洲：满族旧称。也指东北，即满族的主要起源地。

◆瞽，gǔ，眼盲。古代指代乐官。

◆卢戆章、劳乃宣、王照：清末民初学者，汉语拼音提倡者和推行者。

工具，对于集中全国意志、融和少数民族，以及推行义务教育减少文盲等项工作上都表现了相当的成绩。近几年来，虽然因为更迫切的要政太多，遏抑了它的积极进展，然而，这种经过功令提倡，教育部设有机关的运动，无论如何是合法的。我们不能因为一个提倡注音符号的小学校长被免职，而抹煞了这种运动已往的成绩和将来的需要。

伴着统一国语的声浪而起的，还有语体文运动。当1918、1919年的当儿，为建设中国的新文艺，也有人喊出"国语的文学，文学的国语"那样口号来，经过将近三十年的奋勉，它也欣欣向荣地渐渐吐露灿烂的光芒。同时，对于语法研究也从以前"拉丁文法汉证"式的方法，转而注意到这个语言本身的结构，这都算是比较进步的现象。

我们现在平心静气地检讨过去几十年国语运动的成绩，只能举出制定注音符号、议订标准国音、草创语法规模、提倡语体文艺几项。可是这几项就够了么？就尽了国语运动的能事了么？假如有一个有心人仔细寻味现代所谓作家的文艺，或反省一下我们的日常说话，会不会感觉词汇的贫乏、表现思想的工具的枯窘呢？若然，则今后的国语运动应该特别注意一个方向：怎样丰富国语的词汇。

照语言学来讲，词汇是指着一种语言所属的一切语词说，研究它的科学叫作"语源学"。从事这种研究的人，应该探索每个语词的意义和价值，指出它们从哪儿来的，什么时候和怎样形成的，并且经过了什么变迁。在同一语言社会里，因为教育、

◆国语的文学，文学的国语：胡适提出，在本书《新语言》一篇中有更详细的阐述。

第三课 词　汇

职业和各种环境的殊异，各人所使用的词汇数量也有很大的出入。马克斯·穆勒曾经根据一个乡村传教士的统计说，一个不识字的英国乡下人的词汇没有超过三百字的。可是反对他的人说：莎士比亚的词汇，有的说是一万五千字，有的说是二万四千字；米尔敦所用的大约七八万字；荷马的《史诗》大约有九万字；《旧约》有五千六百四十二字，《新约》有四千八百字。这两种统计的所以不同，因为一个拿实际的语言作标准，一个拿文学的语言作标准。

　　国语文学的历史，到现在还不过三十多年，这种改革的动机既然在廓清陈腐的文言，所以嘴里念的国语和笔下写出来的国语文并没有很大的歧异，然而它们所用的词汇却是同样贫乏的。在时兴的文艺作品里，除去那些欧化的语调和舶来的词头，它的基本词汇不见得比街头小贩的口语丰富到哪里。"五四"时代首先提倡新文学的人就说："国语不是单靠几位语言学的专门家就能造得成功的；也不是单靠几本国语教科书和几部国语字典就能造成的。若要造国语，必先造国语的文学；有了国语的文学，自然有国语。"这话诚然不错，正如三十年来写的人和说的人都限定在某几个圈子里，所写的既然超不出这几个圈子里常用的口头语，所说的也不外乎这些作品里的习见词，蹄涔之水，辗转挹注，泉源不畅，如何能望其丰富？其实，在这几个圈子以外的另几个圈子，本来各有一套活泼新鲜的词头，可以吸入语汇，可以采入文学，只可惜文学家置之不理，语言学家漠不关心，恰好像一个穷人

◆马克斯·穆勒：18世纪德裔英国学者，著名东方学家。

◆米尔敦：今译作弥尔顿（1608—1674），英国诗人。写有长诗《失乐园》等。

◆荷马（约前9—前8世纪）：古希腊诗人。相传曾创作著名史诗《伊利昂纪》（也译作《伊利亚特》）和《奥德修纪》（也译作《奥德赛》）。

◆《旧约》：即《旧约全书》，基督教《圣经》的前一部分，主要记述希伯来人的历史等。

◆《新约》：即《新约全书》，基督教《圣经》的后一部分，记载耶稣基督的事迹及基督教教义等内容。

◆涔，cén，雨水。蹄涔：兽蹄迹中的积水，形容水量极少。

◆挹：取。

艰窘得单靠手头几文钱来勉强支持，却不晓得发掘祖遗的丰富窖藏以疗贫困一样！

要想疗济这种贫乏，首先得使语言学家和文学家取得联络。近十五年来国内研究语言的人虽然做过几次方言调查，但所注意的都在音韵系统，很少注意到词汇。因此一班文艺作者即使想运用新词也苦于无所取材，即使想从生活里体验语言，也苦于见闻有限。所以我提议此后从事国语运动的人们应该着手几件事：

第一，须深入各行业或社会的里面，分头调查他们的惯用语，并编成分类词汇。凡是曾经学过外国语的，大概总该知道他们各行业间都有一套丰富的词汇，比如说，打猎的有打猎的惯用语，开矿的有开矿的惯用语，汽船司机的行话和海上水手的不同，青年学生的打诨竟使一班老头子瞠目……可是这些都是活鲜鲜的话头，并不是备而不用的死语。中国的各行业里，何尝没有这一类的词汇呢？只是听它们在各行业间自生自灭，而不能陶镕成国语的一部分。一方面委弃宝藏，一方面感觉贫乏，这够多么不经济？倘能开始搜集，一定可以有大量的收获。❶

第二，须容纳方言里的通用词。方言和国语的分别，只在它流行区域的广狭。然而有许多方言词特具的意义不是一般国语所能有的，到某个适当的地方，必须用这个语词，才能把思想或感情传达得

◆ 诨，hùn，诙谐逗趣的话。

◆ "中国……汇呢？"：比如"唱双簧"，原本是曲艺表演行业的术语，后来指双方串通一气，相互配合。

◆ "然而……新词"：比如四川方言"打牙祭""摆龙门阵"等。

---

❶ 除行业惯用语外，大众口语中也有很多活泼生动的语言材料，详见课后延展阅读：《怎样学习大众的语言（节选）》。

恰到好处，那就是想法子使它普遍化，慢慢变成一个国语的新词。这类的词容纳得多了，方言和国语的界限自然而然地可以沟通，对于国语统一上也可以得到一种助力。

第三，采用未死亡的文言词。文言和口语之间本来没有严格的分野，只看它是否在现代语言里有生命。我们既然承袭了几千年的文学遗产，要想划然分开哪些是文，哪些是语，简直是不可能的。我们应该检讨宋人的话本语录，元明人的戏曲小说，以及从清朝到现在的白话作品里，到底用了些什么字眼，然后写成卡片，统计它们的发现次数。只要是六百年民间流行的词头，到现在仍然家喻户晓，那么，我们何妨照常沿用以丰富国语的词汇呢？

第四，须吸收外国语的借字。两种文化接触以后，彼此的语言往往有互借的现象，浸润既久，渐渐形成了本国语言的一部分，几乎忘掉了它是外来的了。譬如"琉璃""葡萄""菩萨""罗汉"一类的字，借到国语里来已经有了很悠久的历史，在古今作品里已经习用成自然，不再觉得陌生了。近年来中西文化交流的结果，像"士坦""燕梳""马神""引擎"的借音，"机械化""甜美的""破产"……❶的译意，在说话和作文时都普遍地流行着。❷我希望研究国语的人，能够把中国

◆ "采用……言词"：比如"诞辰""笑纳""鄙夷"等。

◆ "只要……汇呢？"：鲁迅在《我怎样做起小说来》一文中曾写道，一般用白话文进行写作，力求顺口，但"没有相宜的白话，宁可引古语"。

◆ "'士坦'……借音"："士坦"是英语stamp（邮票）的音译；"燕梳"是英语insure（保险）的音译；"马神"是英语machine（机器）的吉林话音译；"引擎"是英语engine（发动机）的上海话音译。

---

❶ 此处有删减。

❷ 文化的交流是双向的，汉语中有很多外国语借字，同样，汉语借到英文里的例子也有很多，比如"瓷"和与此相关的一些汉语词汇，详见课后延展阅读：《从借字看文化的接触（节选）》。

143

和印度、中央亚细亚、欧美、日本接触以后所借来的语词，彻底作一番整理功夫，并定出几种原则来继续吸收外来的新语。这不单是语言学上伟大的工作，对于文学上也是很大的贡献。

照这样去做，语言学家研究的结果，可以供文学家的取材；文学家应用的扩充，也可以鼓励语言学家的兴趣。彼此相因相成，国语的词汇自然而然也就可以渐渐丰富起来了。

关于国语运动的这种新方向，想要说的话很多，今当献岁发春之际，姑发其端绪于此。

（选自《罗常培文集》第5卷）

延展阅读

怎样学习大众的语言（节选）
罗常培

在谚语、歇后语、俏皮话里尤其充分地表现着大众的智慧。高尔基为丰富自己的文学语言，经常记录谚语、成语和俚语。老舍也说："大众口中有多少俏皮话、歇后语、成语呀，这都是宝贝。"咱们学会了这些活的语言，不单说的话、做的文章可以生动活泼，而且可以吸收许多大众的生活经验。比方说：

第三课 词 汇

种田没巧，粪水灌饱。深耕浅种，薄地上粪。
三日起早抵一工。锄地能抵三分雨。
前响惊蛰，后响拿犁。过了芒种，不可强种。
立夏前栽瓜种豆。立夏十天麦焦黄。
春雨贵如油，见苗一半收。
冬无雪，麦不结。
先下毛雨没大雨，后下毛雨没晴天。
云往东，刮大风；云往西，淋死鸡；云往南，推了船；云往北，发大水。
东虹风，西虹雨，南面红了下大雨。
春雾狂风夏雾热，秋雾连阴冬雾雪。

这是农民积累多少年的生产经验，精炼、紧缩而成的谚语。从这些谚语里，我们可以看出种地的窍门和节令、气象。有些地方决不是"不辨黍麦"的知识分子所能想象到的。另外还有一些谚语：

财主就能当官，当官就是财主。
穷生五子富，富生五子穷。
穷人饿折肠，富人胀破肚。
若要穷富都一样，必须大大闹一场。

尤其表现旧社会里被压迫的劳苦大众本来就有阶级意识，只要得到正确的领导，自然会成了革命的动力。

歇后语的前半截，差不多都是生动活泼的，它能把后半截抽象的意思说得很具体，从这里面咱们可以发现语言的灵活有趣。例如：

茶壶里煮饺子——肚里有，嘴上倒不出。
墙头儿上的草——随风两面倒。
星星跟着月亮走——借光儿。

卤水点豆腐——一物降一物。
快刀切豆腐——两面光。
围棋盘下象棋——不对路数。
孟姜女拉着刘海儿——有哭有笑。
啄木鸟死在树窟窿里——吃了嘴的亏。
擀面杖吹火——一窍儿不通。
猫不吃鱼——假斯文。

要是我们能从大众的口语中，多搜集这些代表群众智慧的语言材料，在说话作文时一定可以增加生动活泼的表现力。

俏皮话大部分是用比喻来描写形象的，运用得适当可以增加语言的灵活性，使所描写的事物活泼泼地跳跃在纸上。例如：

万一二小姐真闹出点事儿，不是鸡也飞了，蛋也打了吗？（老舍《方珍珠》）

只可惜官粉涂不平脸上的皱纹，看起来好像驴粪蛋上下上了霜。（赵树理《小二黑结婚》）

幸亏是这些青年妇女，白洋淀长大的，她们摇的小船飞快。小船活像离开了水皮，一条打跳的梭鱼。她们从小跟这小船打交道，驶起来就像织布穿梭，缝衣透针一般快。（孙犁《荷花淀》）

这几个例子里的俏皮话，有些是大众嘴里说惯了的；有些虽然经过作家的提炼，但也十分接近口语。咱们从这些例子一定能得到些启发，进而向大众学习更丰富的俏皮话，使自己说出来的话或做出来的文章格外生动活泼，格外浮雕化。

从借字看文化的接触（节选）

罗常培

可以代表中国文化的输出品，除了丝以外就得算瓷器，我们中国的国名China也因此竟被移用。不过，Sěrres是用出产品代表国名，China却是借国名代表出产品罢了。China和拉丁语Sinae，希腊语Thinai，印度语Cina都同出一源。关于它的语源，虽然有人以为它或者是纪元前4世纪时马来群岛航海家指示广东沿岸的名称，可是我个人还赞成它是"秦的对音"。当瓷器输入欧洲的时候，英国人管它叫chinaware，意思就是ware from China（中国货）。随后chinaware的意思变成ware made of china（瓷器），末了把ware也省去了，于是就变成了china。现在"中国"和"瓷器"在英文里的分别只是字首大小写的区别。可是在说话里，Chinaman（中国人），chinaman（卖瓷器的人），甚至于和chinaman（瓷人）三个字的第一音段读音是一样的，只是第二音段的元音，因为轻重读的不同，分成[ə]和[æ]两音罢了。

中国的瓷器最初是16世纪的葡萄牙人带到欧洲去的。他们不像英国人那样含糊地叫"中国货"，而特别取了一个名子叫它porcellana（后来变成英文的porcelain），意思就是"蚌壳"，他们把那光润乳白的质地比作螺甸那样可爱。

英国的陶业到18世纪才有，以前都是依靠着中国输入大量的瓷器。随着陶业的发展，许多技术上的名词也进了英文。起先他们由中国输入不可缺的原料如"高岭土（kaoling）和"白土子"（petuntze）。kaoling是江西景德镇西北高岭的译音。高岭土亦叫作china-clay, porcelain-clay或china-metal。白土子也是原料之一，但是没有高岭土价值贵。这两种原料配合的成分"好的瓷各半；普通的用三分高岭土对六分白土子；最粗的也得用一分高岭土对三分白土子"。制成瓷器以后，第二步当然要加彩色，于是china-glaze，china-paints，china-blue，china-stone种种瓷釉的名称也跟着来了。最初他们着重模仿中国瓷器上的花纹，所以"麒麟"（chilin or kilin）、"凤凰"（fenghwang）和"柳树"（willow pattem）也被他们学去了。柳树花纹是英人Thomas Turner在1780年输入英国的。后来这个图案很受欢迎，于是日本商人看到有机可乘，就大量地仿造，用廉价卖给英美的平民。

第四课

句与文

句　子

主讲人　王力

词和词的联结，可以有两种作用。第一种作用是使它们共同表示一种意义，结果往往是使这意义更完全，更有确定的范围。上节所说的仂语就是属于这第一种作用的。至于第二种作用，却是籍此陈说一件事情。因为作用不同，所以联结的方式也不同。在中国语里，就普通说，是以词的次序之不同，来表示联结方式之不同的，例如：

飞鸟：鸟飞　　大国：国大

"飞鸟"和"大国"一类的结构是所谓组合式，它们只能表示一种意义，不能陈说一件事情。当您说"飞鸟"或"大国"的时候，对话人会觉得您的话没有完，会追问您"飞鸟怎么样？"或"大国怎么样？"至于"鸟飞"和"国大"一类的结构就不同了：我们叫它们作连系式，它们确能陈说一件事情。你说这些话的时候，是想把鸟飞的事情或国大的事情告诉人家。"鸟飞"和"国大"都是完整的一句话（"国大"的"国"必须是指某一国而言，例如："秦始皇时代，国大兵强。"）。因此，我们把那些由连系而成的语言形式叫作句子。

当咱们说话的时候，至少须说一句话。除非为

◆仂，lè。仂语：短语。

◆籍：通"藉"，即借，凭借，借助。

了特别原因把话打断，否则咱们绝不会只说半句话的。[1]所以句子是语言的单位。

主语和谓语　句子虽是语言的单位，但是咱们仍可把它的结构再加分析。依普通的说法，句子可分为两部分：主语；谓语。

假定咱们等候一个朋友，忽然看见他已到门前，我向您说道："来了。"这"来了"就是把他已到门前的事实简略地报告您，我的意思已算完整。这样，我的话是有所谓的，所以这"来了"可称为谓语。

又假定咱们没有等候谁，而我突然叫道："来了。"您一定茫然不懂。于是您问道："谁来了？"我答道："张先生来了。"这"张先生"就是一句的主脑，可称为主语。

由此类推，在"鸟飞"里，"鸟"就是主语，"飞"就是谓语；在"国大"里，"国"就是主语，"大"就是谓语。就普通说，中国语里的主语是放在谓语的前面的。

现在咱们可以用一种图解法把句子分析。先画一道横线，再画一道颇短的直线，把那横线分为两部分。左一部分代表主语，右一部分代表谓语。如下：

鸟｜飞　　国｜大　　张先生｜来了

如果说话人和对话人都知道谓语所说是谁（或

---

[1] 刘半农在他的《中国文法通论》中，提出一种新的句子形式——独字句，详见课后延展阅读：《独字句》。

什么），则主语可以不用。这样，图解起来，主语的部分只好用一个空括弧，例如：

```
 (    ) | 来了
```

复杂的主语 简单的主语是由一个首品词构成的，如上文所举的"鸟、国、张先生"。复杂的主语则是一个仂语，其中至少包括一个次品词和一个首品词。图解起来，我们在主语部分的底下画一道斜线（向右斜），把次品词写在斜线的右边。例如"三哥来了"，可分析写：

```
 哥 | 来了
/三
```

当我们图解递组式的主语的时候，只把中心的词写在上面，其余的修饰品，有写在一条斜线的右边的，有分为几条斜线的，要看情形而定，例如"江苏省立第一中学的校长来了"和"我们的新校长来了"，可分析如下：

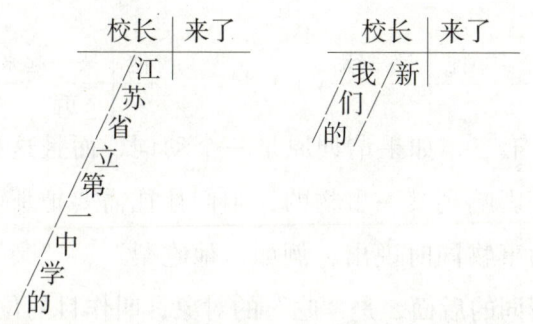

```
  校长 | 来了        校长 | 来了
 /江                /我 /新
 /苏                /们
 /省                /的
 /立
 /第
 /一
 /中
 /学
 /的
```

如果递组式里面含有末品词，可在次品斜线左边加一条折线，再把这末品写在这折线的右边，例如"花园里最大的一棵树枯了"，可分析如下：

```
    树    | 枯了
  /花  /大 /一
  /园 /最 /
  /里 /   /的 /棵
```

◆递组式：首仂本身仍旧可以和别的词或别的仂语联结，成为比较复杂的组合。这种组合，我们叫它作递组式。

复杂的谓语　简单的谓语是由一个次品词构成的。为便于称呼起见，我们叫它谓词。如上文所举，"鸟飞"的"飞"、"国大"的"大"，都是谓词。"来了"和"枯了"的"了"字是一个后附号，附属于"来"或"枯"的，应该和"来"或"枯"认为一体，所以仍是简单的谓语。复杂谓语的构成，则有下例的三种原因：第一，是谓词次品的前面还有末品，例如"鸟高飞"和"国很大"，可分析如下：

```
  鸟 │ 飞              国 │ 大
─────┼─────          ─────┼─────
     │ /高                │ /很
```

第二，是谓词次品后面有一个形容词或动词，和这次品合为一体。它们虽也该认为末品，但是它们和刚才所说的末品不很相同。图解起来，我们把这些词（次品及末品）都放在横线的上面，用短线隔开，例如"他说错了"和"他就哭起来"，可分析如下：

```
  他 │ 说─错  (了)     他 │ 哭─起来
─────┼─────          ─────┼─────
                          │ /就
```

第三，如果谓词原是一个动词，而且这种动作是影响到某一事物的，咱们往往需要把那受影响的事物同时说出，例如"他吃梨"，"梨"字在谓词的后面，是"吃"的对象，叫作目的位（参看本章第七节）。如果没有"梨"字，他吃什么，无从知道，就不能算是完整的一句话了。图解起来，我们把这目的位放在横线的上面，谓词的后面，再用一条直线把它们隔开（注意使这直线不穿过横线）。如下：

第四课　句与文

```
他 | 吃 | 梨
```

递系式　如果一次连系还未能把意思充分地表达，可以再加另一次的连系在后面，这叫作递系式（详见第二章第五节），例如：

（A）他出去开门。

"出去"是初系，"开门"是二系。

（B）我叫他打你。

"叫他"是初系，"打你"是二系。

图解的时候，要看二系所述的行为是否属于主语的。在（A）例里出去和开门是同一人的行为，所以该分析如下：

```
他 | 出去 … 开 | 门
```

在（B）例里，叫和打不是同一人的行为，所以该分析如下：

```
我 | 叫 | 他 ……… | 打 | 你
```

有时候，还可用三系式、四系式、五系式等。例如：

（A）袭人催他去见贾母、贾政、王夫人。(9)

"催他"是初系，"去"是二系，"见贾母、贾政、王夫人"是三系。

（B）我叫他出去买点心给你吃。

"叫他"是初系，"出去"是二系，"买点心"是三系，"给你"是四系，"吃"是五系。

图解如下：

```
袭人 | 催 | 他 ………… | 去 … 见 | 贾母/贾政/王夫人
```

155

```
 | 我 | 叫 | 他 ┈┈┈ | 出去 | 买 | 点心 | 给你 ┈┈┈ | 吃
```

无主句 当说话人和对话人都知道谓语所说的是谁（或什么）的时候，主语可以不用，这是上面说过的。但是，有时候，主语非但不是显然可知的，而且恰恰相反，它是不可知的。咱们只纯粹地叙述某一事件，或陈说一种真理，谓语尽够用了，纵使要说出主语也无从说起，或虽可以勉强补出主语，也很不自然，例如：

（A）下雨了。

（B）不怕慢，只怕站。

（C）有一个人在窗户外面。

（D）是我害了他。

这种句子，图解起来，主语的部分就只好空着，连空括弧也不该用了，例如：

```
 | 下雨      | 有人 ┈┈┈ | 在外面
 |   (了)    |  /一      |  /窗
               /个         /户
```

若拿句子来比一篇文章，主语好比题目，谓语好比整篇的文章。有文章没有题目，倒还可以；有题目没有文章，就等于不曾说话。因此，一个句子里可以没有主语，却绝对不能没有谓语。

定　义

定义十九：凡两个以上的实词相联结，能陈说一件事情者，叫作连系式。

定义二十：凡完整而独立的语言单位，叫作

句子。

定义二十一：凡首品或首幼，能为句子的主脑者，叫作主语。

定义二十二：句子里担任陈说事情的部分，叫作谓语。

练 习

试图解下列诸句。

（A）我去。

（B）你好吗？

（C）他念书。

（D）东方牛奶厂的牛奶不好。

（E）刮风了。

（F）还有谁相信你？

（选自《中国现代语法》）

延展阅读

独字句
刘半农

我们用说话表示意义，就理论上说，当然先要说了个"什么"，再在这"什么"上说个"怎么样"，才能算得一句话。所以正式的文句（Normal Sentences），至少总要有两个字——就是一个主词，一个表词。但是在事实上，颇有许多文句，并不守着这个规律；这里面又可分作几种：

第一种是只有主词而没有表词的：譬如说"火！"，就是"那边起了火"的意思；说"你！"，就是"原来是你"的意思；说"他？"，就是"难道是他"的意思。

第二种是只有表词而没有主词的：譬如说"来！"，就是"我叫你来"的意思；说"去！"，就是"我叫你去"的意思。

第三种是只有一个字，不分主词表词，却能包括主词和表词的意义的：譬如说"是"（"然"），就是"那是如此"的意思；说"咱"（"诺"），就是"我照你的话办理"的意思。

第四种是只有一个字，无所谓主词表词，却能表示喜，怒，哀，乐种种情感的：例如"嘻！"，"嘻！"，"唉！"等字是。

这几种字，虽然不合于理论的句，而依着他的现象说，却不能不承认他是句；若在言语史上去寻求他的位置，他还是语言最初的老祖先咧。我们定他的名字，如以句为准，可叫作独字句（One-Word-Sentences）；如以字为准，也可以叫作句词（Sentence-Words）。

第四课　句与文

但是所谓独字句或句词，虽然大致都是单字，却有时尽可以推广到二字以上。例如"彼哉彼哉！"，就是第一种句词的推广式；"快来！"，"慢去！"，就是第二种句词的推广式；"得啦"，"照啊"，就是第三种句词的推广式；"呜呼！"，"噫嘻！"，就是第四种句词的推广式。"嗟夫！"，"悲哉！"，"天乎！"，"痛哉！"等，又是第四种句词的变相。凡此种种，虽然不止一字，根本上仍与单字无异，并不是加了字上去，就把主词表词配置完全；我们定他的名字，叫作推广的独字句（Extended One-Word-Sentences），或叫作推广的句词（Extended Sentence-Words）。

但是"行行重行行，与君生别离"，"坎坎伐檀兮，置之河之干兮"，"载驰载驱，归唁卫侯"那种句法，虽然并不完全，却不能认为推广的句词；因为他的构造，处处与正式的文句相合，不过省去一个主词便了。

主讲人 朱自清

论句子的主词及表句

◆"本刊……《新语言》":这篇文章已收录为本书最后一篇。

◆吕叔湘(1904—1998):中国现当代语言学家,语文教育家,《现代汉语词典》主编。对现代汉语的规范化颇有贡献。著有《中国文法要略》《汉语语法分析问题》等。

◆《中国话里的主词及其他》:吕叔湘认为汉语里有很多没有主语的句子,因此写文对朱自清的文章提出质疑,并由此开始走上汉语语法研究的道路。

本刊第一期拙作《新语言》文中说到:"句子都有主词,'……是……的'句式的多量采用,更是普遍的现代化的现象。"本刊第十二期有吕叔湘先生《中国话里的主词及其他》一文,对于这句话有所指正。"句子都有主词"这一部分确是错的。当时心里是在记起像下面这类的例子:

> 我夜夜如此,听琴已成我的最重要工作。我曾一次想见你,在你那尾声过去之后,我蹑足走到你所在的大厅门口。但我忽而怕你正有着你的伴,我又怕你不愿你以外的人曾听你的琴声;这样,我又在冷空气中空虚的跑回我房。

这是我教过的高级作文班一个学生的习作。除了第二个分句之外,每个分句都有主词"我"字。这里并不想用这个例子来辩护,只想表示现代文句似乎有多用主词的倾向。这一点我现在还是相信着。

这个趋势与标点符号的应用关系很大。因为用了标点符号,我们有了新的"句"的观念。我们有了现代化的"句"的观念。这叫我们看重主词、多用主词。这可以从反面证明。我们用标点符号去标点旧文言，甚至旧白话，往往感到有些地方没法标点下去，怎么也不贴切似的。这就是因为那些写作者，那些语言里，没有我们现代人的文法观念的缘故。❶日本谷崎润一郎的《文章读本》里指出日本的现代文与古典文有三个不同之处；其中第二句读显明，第三多用主词（一五六面），也正是我国现代文与旧文言，旧白话的不同之处。吕先生文中举过《世说新语》的一个例，说："这一段译成白话，至少有好几处得把所缺主词或受词补出来。"照吕先生在所引文中所留的主词的空格看，他这句里所谓"白话"，似乎不是旧白话而是现代化的白话文。那么，这也是现代文多用主词的一个好证明了。

现在还有些人不大会用标点符号，先写好了文字，再去标点起来。这真是所谓"加"标点了。后"加"标点的文字里，往往留着旧白话的影子，我在近来所教的作文班的习作里常遇到这种例。且随便举一个：

<blockquote>后来（我们母子）又到蒙馆去请求再展期五天（交费）。（我们）不独未蒙（塾师）许可，（塾师）且大骂我们没有良心，叫同学将我的东西抛出馆外。</blockquote>

◆谷崎润一郎（1886—1965）：日本小说家、剧作家，精通汉文。

◆读，dòu。句读：也称"句逗"，用来断句的符号。

◆展期：延期。

---

❶ 1919年底，马裕藻、周作人、朱希祖、刘复、钱玄同、胡适等六人提出的《请颁行新式标点符号议案（修订案）》中，阐述了古今标点符号的不同和没有标点符号的弊端，详见课后延展阅读：《请颁行新式标点符号议案（修订案）（节选）》。

这儿两句中不见一个主词，正是旧白话的结构。但第一句和第二句的第一、第三分句，各与前句（第一句的前句未引）或前一分句共一主词，不写出主词，还是清楚的；第二句的第二分句与前一分句并不共一主词，不将主词写出，就不大清楚了。这是旧结构的短处。随便翻开手边的《水浒传》，看见这样的句子：

（我们）如此犯下大罪，闹了两座州城，（他们）必然申奏去了。

晁盖叫众多小喽啰参拜了新头领李俊等，（小喽啰）都参见了。（均见百二十回本第四十一回）

也许有人觉得这也够清楚的，但我们的要求是更清楚些。

旧结构也有因为主词不清楚而弄错了意义的。《日知录·文章繁简》节有云：

《黄氏日抄》言苏子由《古史》改《史记》，多有不当。如《樗里子传》，《史记》曰，"母，韩女也。樗里子滑稽多智。"《古史》曰，"母，韩女也。滑稽多智。"似以母为滑稽矣。然则"樗里子"三字，其可省乎。《甘茂传》，《史记》曰，"甘茂者，下蔡人也。事下蔡史举，学百家之说。"《古史》曰，"下蔡史举，学百家之说。"似史举自学百家矣。然则"事"之一字，其可省乎。以是知文不可以省字为工。字而可省，太史公省之久矣。

◆苏子由：即苏辙（1039—1112），字子由。北宋散文家，与其父苏洵、兄苏轼合称"三苏"，俱被列入"唐宋八大家"

第四课　句与文

　　用现代的术语说，这里第一例是省略主词的错误，第二例是省略动词的错误；而第二例的省略动词，也就不看重主词。苏辙当然不会有"主词""动词"这一套文法观念；顾炎武也还是没有，所以只笼统的说是"省字"。但由这两个例可以看出，就是在旧结构里，主词也还是重要的。

　　能用标点符号的人，将标点符号当作文字的一部分，不当作文字外的东西。他们写作时，随着句读标点下去；这是"用"进去，不是"加"上去。这些人的文字，现代化的成分大概要多些。标点符号和从前的圈点或句读符号不一样。后者只是加在文字上，帮助读者的了解；对于文字的关系是机械的。前者却是用在文字里，帮助写作者表达情思；对于文字的关系是有机的。标点符号无疑的比句读符号复杂得多，精密得多；现代化的语言是比旧文言旧白话复杂得多、精密得多。可是话说回来，现代化是点点滴滴的改变。不是突然的、全盘的改变。文法的现代化，尤其如此。用了标点符号的现代文化，文法上是不会全盘改成新样式的。这里有些是因为国语的容受量或消化力的缘故，有些是因为习惯——也就是吕先生说的"风趣或力量"——的缘故。国语对于种种新样式的消化力或容受量，还待详密研究，暂时不能具体说明。吕先生所举的不要主词的例子，有些似乎该从这个角度看。至于习惯，就是旧样式的沿用，却是一眼就看出的。即以主词而论，现代化的语言里，还夹杂着一些不写出主词的句子，便是习惯的影响，也是"风趣或力

163

量"的影响。吕先生说到避免"自我主义",便是这种影响之一。

吕先生指出拙作《新语言》中一些不写出主词的句子。这确可以证明"句子都有主词"那句话是错的;那句话的错,我已经说过了。我所以不在这一些句子里写出主词,当时是不觉得的,现在想来,正是习惯的影响,"风趣或力量"的影响。这可以叫作"熟语化"。现代写作的人,大约不止我一个,似乎都多多少少徘徊于所谓"欧化"与熟语化两条路中间。他们求清楚,不得不"欧化";他们求亲切,又不得不熟语化。亲切也便是"风趣或力量"。怎样才能教"欧化"与熟语化调和得恰到好处,还待研究和练习。这是留心语言现代化的人所应当努力的。不过就主词而论,我总相信多用主词是现代化的语言的一个主要的倾向。

吕先生又指出拙作里没有尽量采用"……是……的"句式。他所举的例子中间,"却很大方"和"都很新鲜"两句,原稿本来用"是……的"句式,是后来改了的。改的原因是怕同一句式太多,显得单调。这种求变化,也是"风趣或力量"的影响。我所谓"尽量"的"量",是将这种影响除外的,和吕先生的解释不同。关于"……是……的"这一句式的本身,我也还是相信它"是表现分析的精神的"。但得声明,这是参用一个日本人的意见,他说"花儿是美丽""这句子比说'花美'时显然更加分析的判断化了。"(长濑诚《中国文学与用语》,拙译见《大公报·文艺》,二十五

第四课　句与文

年一月十二日）但我觉得"花儿是美丽"，只是加重的语气；"花儿是美丽的"似乎才是"分析的判断化"。"花美"的"美"若看作形容词，这句子自然是表句；可是若照黎锦熙先生"国语文法"的看法，将"美"当作"同动词"，这句子便不是表句而是述句了。所以在《新语言》里，我表示过这种句子的性质是不分明的。"花儿是美丽的"这句子比起"花美"来，就不一样。这里述词改了带"的"尾的形容词，又在主词述词中间加进一个系词作媒介，表句的性质便确定了。现代语言学者虽不很恭维"一句三分"的办法，如吕先生所说，但要解释这两种句式的不同之处，似乎还用得着它。

　　吕先生说"……是……的"句式原是加重的语气。可是"因为'是'和'的'常常连用（'这间屋子是我的''这间屋子是我住的''这间屋子是烧砖砌的'），因此产生一种类推作用，'是'会把'的'牵出来，'的'也会把'是'拉出来"。这样多量采用"……是……的"句式的结果，我们语言里早已备有"消灭它的语气作用的趋势"，不是在现代化的语言里才如此。他又说：

　　　　现在我们已经制造了并且正在制造着，许多从名词或动词转成的形容词，是不得不加"的"的，而这个"的"字又非把"是"字拉出不可。我们不能说："这个计划——空想的"，我们说："这个计划是空想的"。这一类新的形容词天天在增加……应用这些新形容词（即有"的"尾的）作表句所产生"A是B

◆表句：王力曾讨论过这个汉语句子的分类问题，汉语的句子可以分为三类，其中叙述句、描述句、判断句，后两种性质相近，可以合称为名句或表句。

◆黎锦熙（1890—1978）：中国现当代语言学家。所著《新著国语文法》是中国第一部较系统的白话语法著作。

的",方式也许会有一天把旧形容词(即原无"的"尾的)全卷进去。可是倘若有这一天,那也是中国语循着某种语言演变原理(加语尾以变词性:类推作用)所生的结果,和分析精神是没有什么关涉的。

吕先生指出带"的"尾的新形容词的增加和对于旧形容词的影响,是很精辟的见解。但对于上面所引的话,我还有两点不同的意见:一是"……是……的"句式原来并非全是加重的语气;二是"类推作用"的解释有时候还不充足。

"……是……的"句式本有两类。一类是加重的语气。如吕先生文中所举"银子是'白'的,人的眼珠是'黑'的",又"无论心中怎么急,他的动作是'慢'的"(老舍《黑白李》)。这里述词是形容词。又如同文所举"我是'今天才见着'的",及"做了女人总是'要出嫁'的"(《红楼梦》)。这里是述句的表句化,可以还原到述句。另一类不是加重的语气。如同文所举的"这间屋子是我的"。"我的"是带"的"尾的领格;这种句子也像吕先生所说,"的"和"是"是牵拉着的,就是有机的。又如同文所举"这间屋子是我住的""这间屋子是烧砖砌的"。这些不是述句的表句化,虽然也可化成特殊的述句;(如前例可化成"这间屋子,我住",已经是倒装的加重语气;后例可化成"这间屋子烧砖砌",像通俗韵文里的……子)这是用带"的"尾分句为述词的表句。这一类本不是加重的语气,无所谓"消灭语气作用"与否。

现代化的语言里多量采用的似乎只是前一类本是加重语气的"……是……的"句式。这又有两个方向。第一是多用"天天在增加"的新形容词作表句，因而也就多用旧形容词作表句。这都是现代文中才有的现象，吕先生似乎已经承认了。他用"类推作用"从形态上说明这现象。对于新形容词的表句，这个说明是充足的。那些新形容词"天天在增加"虽然似乎也是分析的精神的表现，但在新形容词的表句中，"的"和"是"是有机的联系，是形态的必然；从形态上说明，自然是充足的。那些旧形容词的表句却就不然。这种句子里的"是"和"的"并不是有机的，像"花美"，不用"是……的"，也还能成一个完整的句子。这种句子确是新形容词的表句的影响，因此确已消灭了原来的加重语气。既不是形态的必然，也不是语气的加重，这种句子存在的理由，除"类推作用"外，似乎还该有些别的。上文说过，这种句子将原来表句述句性质不分明的句子确定为表句；我还相信它们"是表现分析的精神的"。现代文里又多量采用述句的表句化，却保存着那种句子原来的加重语气。这种多量采用，也可拿"类推作用"作充足的说明，和分析精神确是没有什么关涉的。

（选自《朱自清全集》第六卷）

请颁行新式标点符号议案（修正案）（节选）
胡适等

一　释名

本议案所谓"标点符号"，含有两层意义：一是"点"的符号，一是"标"的符号。"点"即是点断，凡用来点断文句，使人明白句中各部分在文法上的位置和交互的关系的，都属于"点的符号"，又可叫作"句读符号"。下条所举的句号，点号，冒号，分号四种属于此类。"标"即是标记。凡用来标记词句的性质种类的，都属于"标的符号"。如问号是表示疑问的性质的，引号是表示某部分是引语的，私名号是表示某名词是私名的，旧有"文字符号""句读符号"等名称，总不能包括这两项意义，故采用高元先生《论新标点之用法》一篇（《法政学报》第八期）所用"标点"两字，定名为"标点符号"。

二　标点符号的种类和用法

中国文字的标点符号很不完备。最古只有"离经辨志"的方法（见《学记》。郑玄注，离经句绝也）。大概把每句离开一二字写，如宋版《史记》的《索隐述赞》的写法。汉儒讲究章句，始用"句读"（何休《公羊传》序云，"援引他经，失其句读"。《周礼》注，"郑司农读'火'绝之"。读字徐邈音豆，见《经典释文》），又称"句投"（马融《长笛赋》），又称"句度"（皇甫湜《与李生书》）。大概语意已

第四课　句与文

完的叫做句，语气未完而须停顿的叫作读。但是汉、唐人所用的符号已不可考见。只有《说文》有"亅"字，说是钩识用的，又有"、"字，说是绝止用的，不知是否当时的句读符号。唐末五代以后，有了刻版书，但是大概没有标点符号。到了宋朝，馆阁校书的始用旁加圈点的符号。宋岳珂《九经三传沿革例》说："监蜀诸本皆无句读，惟建本始仿馆阁校书式从旁加圈点，开卷了然，于学者为便，然亦但句读经文而已。惟蜀中字本与兴国本并点注文，益为周尽"。《增韵》也说："今秘省校书式，凡句绝则点于字之旁，读分则微点于字之中间。"这两条说宋代用句读符号最明白。现在所传的宋相台岳氏本《五经》，即是用这种符号的。佛经刻本也多用此法。后来的文人用浓圈密点来表示心里所赏识的句子，于是把从前文法的符号变成了赏鉴的符号，就连古代句读的分别都埋没了。现在有些报纸书籍，无论什么样的文章都是密圈圈到底，不但不讲文法的区别，连赏鉴的意思都没有了。这种圈点和没有圈点有什么分别？

如此看来，中国旧有的标点符号只有一个句号，一个读号，远不如西洋的完备。用符号的本意，千言万语，只是要文字的意思格外明白，格外正确。既然如此，自当采用最完备的法式。因此，本案所主张的标点符号大致是采用西洋最通行的符号，另外斟酌中国文字的需要，变通一两种，并加入一两种。这些符号可总名为"新式标点符号"。此外旧有的一圈一点的符号，虽然极不完备，究竟也很有用处。当此文法学知识不曾普及的时候，这种简单的符号似乎也不可废。因此，本案把这两种符号的用法也仔细分别出来，另叫作"旧式点句符号"。附在后幅，备学者参考采用。

…………

三　理由

我们以为文字没有标点符号，便发生种种困难；有了符号的帮助，可使文字的效力格外完全，格外广大。综计没有标点符号的大害处约有三种，小害处不可胜举。

（一）没有标点符号，平常人不能"断句"，书报便都成无用，教育便不能普及。此害易见，不须例证。

（二）没有标点符号，意思有时不能明白表示，容易使人误解。

（例）归有光的《寒花葬志》有"孺人每令婢倚几旁饭即饭目眶冉冉动孺人又指予以为笑"二十四字，可作两种读法，便有两种不同的解说。

（1）孺人每令婢倚几旁饭，即饭。目眶冉冉动。

（2）孺人每令婢倚几旁饭；即饭，目眶冉冉动。

又如《荀子·正名篇》说："异形离心交喻异物名实互纽"十二个字，杨倞注读成三个四字句，郝懿行读成两个六字句，意思便大不相同了。假使著书的人用了标点符号，便不须注解的人随意乱猜了。

（3）没有标点符号，决不能教授文法。因为一篇之中，有章节的分段；一章一节之中，有句的分断；一句之中，有分句（Clause），兼词（Phrase，严复译为"仂语"），小顿（Pause，高元译为"读"）的区别；分句之中，又有主句和从句的分别：凡此种种区分，若没有标点符号，决不能明白表示；既不能明白表示这些区别，文法的教授必不能满意。

文

主讲人 朱自清

现存的中国最早的文，是商代的卜辞。这只算是些句子，很少有一章一节的。后来《周易》卦爻辞和《鲁春秋》也是如此，不过经卜官和史官按着卦爻与年月的顺序编纂起来，比卜辞显得整齐些罢了。便是这样，王安石还说《鲁春秋》是"断烂朝报"（宋周麟之跋孙觉《春秋经解》引王语。"朝报"相当于现在的政府公报）。所谓"断"，正是不成片段、不成章节的意思。卜辞的简略大概是工具的缘故，在脆而狭的甲骨上用刀笔刻字，自然不得不如此。卦爻辞和《鲁春秋》似乎没有能够跳出卜辞的氛围去，虽然写在竹木简上，自由比较多，却依然只跟着卜辞走。《尚书》就不同了。《虞书》《夏书》大概是后人追记，而且大部分是战国末年的追记，可以不论；但那几篇《商书》，即使有些是追记，也总在商、周之间。那不但有章节，并且成了篇，足以代表当时文的发展，就是叙述文的发展。而议论文也在这里面见了源头。卜辞是"辞"，《尚书》里大部分也是"辞"。这些都是官文书。

记言、记事的辞之外，还有讼辞。打官司的时候，原被告的口供都叫作"辞"；辞原是"讼"

◆《鲁春秋》：即《春秋》，儒家经典，相传是孔子整理修订的。

> ◆两造：法律行为或诉讼行为的双方当事人，如原告和被告。
>
> ◆子产（？—前522）：即公孙侨，字子产。春秋时思想家、政治家。执政郑国二十三年，颇有政绩。
>
> ◆行人：官名，职掌外交事务。
>
> ◆言文：言指说话语言，文指书面语言。

的意思（《说文》辛部），是辩解的言语。这种辞关系两造的利害很大，两造都得用心陈说；审判官也得用心听，他得公平地听两面儿的。这种辞也兼有叙述和议论；两造自己办不了，可以请教讼师。这至少是周代的情形。春秋时候，列国交际频繁，外交的言语关系国体和国家的利害更大，不用说更需慎重了。这也称为"辞"，又称为"命"，又合称为"辞命"或"辞令"。郑子产便是个善于辞命的人。郑是个小国，他办外交，却能教大国折服，便靠他的辞命。他的辞引古为证，宛转而有理，他的态度却坚强不屈。孔子赞美他的辞，更赞美他的"慎辞"（均见《左传》襄公二十五年）。孔子说当时郑国的辞命，子产先教裨谌创意起草，交给世叔审查，再教行人子羽修改，末了儿他再加润色（《论语·宪问》）。他的确是很慎重的。辞命得"顺"，就是宛转而有理；还得"文"，就是引古为证。

　　孔子很注意辞命，他觉得这不是件易事，所以自己谦虚地说是办不了。但教学生却有这一科；他称赞宰我、子贡，擅长言语（《论语·先进》），"言语"就是"辞命"。那时候言文似乎是合一的。辞多指说出的言语，命多指写出的言语；但也可以兼指。各国派使臣，有时只口头指示策略，有时预备下稿子让他带着走。这都是命。使臣受了命，到时候总还得随机应变，自己想说话，因为许多情形是没法预料的。——当时言语，方言之外有"雅言"。"雅言"就是"夏言"，是当时的京话或官话。孔子讲学似乎就用雅言，不用鲁语（《论语·述而》："子所雅言；《诗》《书》、执礼，皆雅言也。"这里用刘宝楠《论语正义》的解释）。卜、《尚书》和辞命，大概都是历代的雅言。讼辞也许不同些。雅言用的既多，所以每字都能写出，而写出的和说出的雅言，大体上是一致的。孔子说"辞"只要"达"就成（《论语·卫灵公》："子曰：'辞达而已矣。'"）。辞是辞命，"达"是明白，辞多了像背书，少了说不明白，多少要恰如其分（《仪礼·聘礼》："辞多则史。少则不达，辞苟足以达，义之至也。"）。辞命的重要，代表议论文的发展。

战国时代，游说之风大盛。游士立谈可以取卿相，所以最重说辞。他们的说辞却不像春秋的辞命那样从容宛转了。他们铺张局势，滔滔不绝，真像背书似的；他们的话，像天花乱坠，有时夸饰，有时诡曲，不问是非，只图激动人主的心。那时最重辩。墨子是第一个注意辩论方法的人，他主张"言必有三表"。"三表"是"上本之于古者圣王之事""下原察百姓耳目之实""废（发）以为刑政，观其中国家百姓人民之利"（《非命》上）；便是三个标准。不过他究竟是个注重功利的人，不大喜欢文饰，"恐人怀其文，忘其'用'"，所以楚王说他"言多不辩"（《韩非子·外储说左上》）。——后来有了专以辩论为事的"辩者"，墨家这才更发展了他们的辩论方法，所谓《墨经》便成于那班墨家的手里。——儒家的孟、荀也重辩。孟子说："予岂好辩哉？予不得已也！"（《滕文公》下）荀子也说："君子必辩。"（《非相

◆ 人主：君主。

◆ "怀其……其'用'"意为：记住了华丽的辞藻，却忘记了它们的实际用途。

◆《墨经》：也称《墨辩》，收录于《墨子》中，共六篇。一说只有四篇。

篇》）这些都是游士的影响。但道家的老、庄，法家的韩非，却不重辩。《老子》里说，"信言不美，美言不信"（八十一章），"老学"所重的是自然。《庄子》里说："大辩不言"（《齐物论》），"庄学"所要的是神秘。韩非也注重功利，主张以法禁辩，说辩"生于上之不明"（《问辩》）。后来儒家作《易·文言传》，也道："君子进德修业。忠信，所以进德也；修辞立其诚，所以居业也。"这不但是在暗暗地批评着游士好辩的风气，恐怕还在暗暗地批评着后来称为名家的"辩者"呢。《文言传》旧传是孔子所作，不足信；但这几句话和"辞达"论倒是合拍的。

　　孔子开了私人讲学的风气，从此也便有了私家的著作。第一种私家著作是《论语》，却不是孔子自作而是他的弟子们记的他的说话。诸子书大概多是弟子们及后学者所记，自作的极少。《论语》以记言为主，所记的多是很简单的。孔子主张"慎言"，痛恨"巧言"和"利口"；他向弟子们说话，大概是很质直的，弟子们体念他的意思，也只简单地记出。到了墨子和孟子，可就铺排得多。《墨子》大约也是弟子们所记。《孟子》据说是孟子晚年和他的弟子公孙丑、万章等编定的，可也是弟子们记言的体制。那时是个"好辩"的时代。墨子虽不好辩，却也脱不了时代影响。孟子本是个好辩的人。记言体制的恢张，也是自然的趋势。这种记言是直接的对话。由对话而发展为独白，便是"论"。初期的论，言意浑括，《老子》可为代

◆生于上之不明：产生于君主不圣明之时。

表❶；后来的《墨经》，《韩非子·储说》的经，《管子》的《经言》，都是这体制。再进一步，便是恢张的论，《庄子·齐物论》等篇以及《荀子》《韩非子》《管子》的一部分，都是的。——群经诸子书里常常夹着一些韵句，大概是为了强调。后世的文也偶尔有这种例子。中国的有韵文和无韵文的界限，是并不怎样严格的。

还有一种"寓言"，借着神话或历史故事来抒论。《庄子》多用神话，《韩非子》多用历史故事，《庄子》有些神仙家言，《韩非子》是继承《庄子》的寓言而加以变化。战国游士的说辞也好用譬喻。譬喻成了风气，这开了后来辞赋的路。论是进步的体制，但还只以篇为单位，"书"的观念还没有。直到《吕氏春秋》，才成了第一部有系统的书[上节及本节参用傅斯年《战国文籍中之篇式书体》（《中央研究院语言历史研究所集刊》第一本第二分）说]。这部书成于吕不韦的门客之手，有十二纪、八览、六论，共三十多万字。十二代表十二月，八是卦数，六是秦代的圣数，这些数目是本书的间架，是外在的系统，并非逻辑的秩序。汉代刘安主编《淮南子》，才按照逻辑的秩序，结构就严密多了。自从有了私家著作，学术日渐平民化。著作越过越多，流传也越过越广，"雅言"便成了凝定的文体了。后世大体采用，言文渐渐分离。战国末期，"雅言"之外，原还有齐语、楚语两种有势

◆譬喻：比喻。

◆《战国文籍中之篇式书体》：作者（傅斯年）指出，从战国至秦汉的这一二百年间，文体演进可分为三步，第一步是像《论语》这样的记言之书；第二步是成篇之书；第三步是系统之书。而在同时期的古希腊，苏格拉底、柏拉图、亚里士多德这三代师生身上，也有着类似的演进过程。

◆"汉代……多了"：《淮南子》文体与《吕氏春秋》近似，全书结构清晰，篇章安排井然有序，分内、中、外三篇。内篇论道，共二十一篇；中篇养生，共八篇；外篇杂说，共三十三篇。梁启超称其"博大而有条贯，汉人著述中第一流也。"

---

❶ 详见课后延展阅读：《〈老子〉两章》。

力的方言(《孟子·滕文公》:"有楚大夫于此,欲其子之齐语也,则使齐人傅诸。"楚人要学齐语,可见齐语流行很广。又《韩诗外传》四:"然则楚之狂者楚言,齐之狂者齐言,习使然也。""楚言"和"齐言"并举,可见楚言也是很有势力的)。但是齐语只在《春秋公羊传》里留下一些,楚语只在屈原的"辞"里留下几个助词如"羌""些"等;这些都让"雅言"压倒了。

伴随着议论文的发展,记事文也有了长足的进步。这里《春秋左氏传》是一座里程碑。在前有分国记言的《国语》,《左传》从它里面取材很多。那是铺排的记言,一面以《尚书》为范本,一面让当时记言体的、恢张的趋势推动着,成了这部书。其中自然免不了记事的文字;《左传》便从这里出发,将那恢张的趋势表现在记事文里。那时游士的说辞也有人分国记载,也是铺排的记言,后来成为《战国策》那部书。《左传》是说明《春秋》的,是中国第一部编年史。它最长于战争的记载;它能够将千头万绪的战事叙得层次分明,它的描写更是栩栩如生。它的记言也异曲同工,不过不算独创罢了。它可还算不得一部有自己的系统的书;它的顺序是依着《春秋》的。《春秋》的编年并不是自觉的系统,而且"断如复断",也不成一部"书"。

汉代司马迁的《史记》才是第一部有自己的系统的史书。他创造了"纪传"的体制。他的书包括十二本纪、十表、八书、三十世家、七十列传,共五十多万字。十二是十二月,是地支,十是天干,八是卦数,三十取《老子》"三十辐共一毂"的意

◆《国语》:国别体史书,旧传为春秋时左丘明著,以记西周末年和春秋时期周鲁等国君臣的言论为主。与《左传》同为解读《春秋》的姊妹篇,故有《春秋外传》之称。

◆《战国策》:辑录战国游说之士的策谋和言论的书。原书有《国策》《国事》《事语》《短长》《长书》《修书》等名称和本子,西汉末刘向编订为三十三篇,定名为《战国策》。

思，表示那些"辅弼股肱之臣""忠信行道以奉主上"(《史记·自序》)；七十表示人寿之大齐，因为列传是记载人物的。这也是用数目的哲学作系统，并非逻辑的秩序，和《吕氏春秋》一样。这部书"厥协六经异传，整齐百家杂语"，以剪裁与组织见长。但是它的文字最大的贡献，还在描写人物。左氏只是描写事，司马迁进一步描写人；写人更需要精细的观察和选择，比较的更难些。班彪论《史记》"善叙事理，辨而不华，质而不野，文质相称"(《后汉书·班彪传》)，这是说司马迁行文委曲自然。他写人也是如此。他又往往即事寓情，低徊不尽；他的悲愤的襟怀，常流露在字里行间。明代茅坤称他"出《风》入《骚》"(《史记评林》总评)，是不错的。

汉武帝时候，盛行辞赋；后世说"楚辞汉赋"，真的，汉代简直可以说是赋的时代。所有的作家几乎都是赋的作家。赋既有这样压倒的势力，一切的文体，自然都受它的影响。赋的特色是铺张、排偶、用典故。西汉记事记言，都还用散行的文字，语意大抵简明；东汉就在散行里夹排偶，汉、魏之际，排偶更甚。西汉的赋，虽用排偶，却还重自然，并不力求工整；东汉到魏，越来越工整，典故也越用越多。西汉普通文字，句子很短，最短有两个字的。东汉的句子，便长起来，最短的是四个字；魏代更长，往往用上四下六或上六下四的两句以完一意。所谓"骈文"或"骈体"，便这样开始发展。骈体出于辞赋，夹带着不少的抒情的

◆"善叙……相称"：善于叙述事理，论辩而不浮华，质朴而不粗野，文采和质朴相得益彰。

◆茅坤（1512—1601）：明文学家。著有《唐宋八大家文钞》。

◆排偶：排比对偶。

成分；而句读整齐，对偶工丽，可以悦目，声调和谐，又可悦耳，也都助人情韵。因此能够投人所好，成功了不废的体制。

梁昭明太子在《文选》里第一次提出"文"的标准，可以说是骈体发展的指路牌。他不选经、子、史，也不选"辞"。经太尊，不可选；史"褒贬是非，纪别异同"，不算"文"；子"以立意为宗，不以能文为本"；"辞"是子史的支流，也都不算文"。他所选的只是"事出于沉思，义归乎翰藻"之作。"事"是"事类"，就是典故；"翰藻"兼指典故和譬喻。典故用得好的，譬喻用得好的，他才选在他的书里。这种作品好像各种乐器，"并为入耳之娱"；好像各种绣衣，"俱为悦目之玩"。这是"文"，和经、子、史及"辞"的作用不同，性质自异。后来梁元帝又说："吟咏风谣，流连哀思者谓之文""文者，惟须绮縠纷披，宫征靡曼，唇吻遒会，情灵摇荡。"（《金楼子·立言》篇）这是说，用典故、有对偶、谐声调的抒情作品才叫作"文"呢。这种"文"大体上专指诗赋和骈体而言；但应用的骈体如章奏等，却不算在里头。汉代本已称诗赋为"文"，而以"文辞"或"文章"称记言、记事之作。骈体原也是些记言、记事之作，这时候却被提出一部分来，与诗赋并列在"文"的尊称之下，真是"附庸蔚为大国"了。

这时有两种新文体发展。一是佛典的翻译，一是群经的义疏。佛典翻译从前不是太直，便是太华；太直的不好懂，太华的简直是魏、晋人讲老、

◆梁元帝：即萧绎，南朝梁第三位皇帝。好藏书，能诗赋，著述颇丰。

◆"文者……摇荡"意为：写文章的人，只应当让文采如丝织品般绚丽多彩、纷繁披拂，让音节如音乐般华丽曼妙，语言表达恰到好处，情感心灵为之摇荡。

庄之学的文字，不见新义。这些译笔都不能作到"达"的地步。东晋时候，后秦主姚兴聘龟兹僧鸠摩罗什为国师，主持译事。他兼通华语及西域语，所译诸书，一面曲从华语，一面不失本旨。他的译笔可也不完全华化，往往有"天然西域之语趣"（宋赞宁论罗什所译《法华经》语，见《宋高僧传》卷三）；他介绍的"西域之语趣"是华语所能容纳的，所以觉得"天然"。新文体这样成立在他的手里。但他的翻译虽能"达"，却还不能尽"信"；他对原文是不太忠实的。到了唐代的玄奘，更求精确，才能"信""达"兼尽，集佛典翻译的大成。这种新文体一面增扩了国语的词汇，也增扩了国语的句式。词汇的增扩，影响最大而易见，如现在口语里还用着的"因果""忏悔""刹那"等词，便都是佛典的译语。句式的增扩，直接的影响比较小些，但像文言里常用的"所以者何""何以故"等也都是佛典的译语。另一面，这种文体是"组织的，解剖的"（梁启超《翻译文学与佛典》六之二）。这直接影响了佛教徒的注疏和"科分"之学（佛教徒注释经典，分析经文的章段，称为"科分"），间接影响了一般解经和讲学的人。

　　演释古人的话的有"故""解""传""注"等。用故事来说明或补充原文，叫作"故"。演释原来辞意，叫作"解"。但后来解释字句，也叫作"故"或"解"。"传"，转也，兼有"故""解"的各种意义。如《春秋左氏传》补充故事，兼阐明《春秋》辞意。《公羊传》《谷梁

◆后秦：十六国之一。羌族贵族姚苌于384年建立，国号"秦"，建都长安（今陕西西安西北），史称"后秦"或"姚秦"。

◆玄奘（602或600—664）：通称"三藏法师"，俗称"唐僧"。唐佛教学者、旅行家，著有《大唐西域记》等。

◆《谷梁传》：应为《穀梁传》，也称《春秋穀梁传》《穀梁春秋》等。

> ◆《诗毛氏传》：即《毛诗故训传》，简称《毛传》或《诂训传》，旧传是西汉毛亨著。

> ◆王弼（226—249）：三国魏玄学家。与何晏、夏侯玄等同开魏晋玄学清谈风气。其所作《周易注》偏重哲理，扫除了汉代经学烦琐之风。

> ◆义疏：解经之书，也称"义注""正义"等。

传》只阐明《春秋》辞意——用的是问答式的记言。《易传》推演卦爻辞的意旨，也是铺排的记言。《诗毛氏传》解释字句，并给每篇诗作小序，阐明辞意。"注"原只解释字句，但后来也有推演辞意、补充故事的。用故事来说明或补充原文，以及一般的解释辞意，大抵明白易晓。《春秋》三传和《诗毛氏传》阐明辞意，却是断章取义，甚至断句取义，所以支离破碎，无中生有。注字句的本不该有大出入，但因对于辞意的见解不同，去取字义，也有各别的标准。注辞意的出入更大。像王弼注《周易》，实在是发挥老、庄的哲学；郭象注《庄子》，更是借了《庄子》发挥他自己的哲学。南北朝人作群经"义疏"，一面便是王弼等人的影响，一面也是翻译文体的间接影响。这称为"义疏"之学。

汉、晋人作群经的注，注文简括，时代久了，有些便不容易通晓。南北朝人给这些注作解释，也是补充材料，或推演辞意。"义疏"便是这个。无论补充或推演，都得先解剖文义；这种解剖必然的比注文解剖经文更精细一层。这种精细的却不算是破坏的解剖，似乎是佛典翻译的影响。就中推演辞意的有些也只发挥老、庄之学，虽然也是无中生有，却能自成片段，便比汉人的支离破碎进步。这是王弼等人的衣钵，也是魏、晋以来哲学发展的表现。这是又一种新文体的分化。到了唐修《五经正义》，削去玄谈，力求切实，只以疏明注义为重。解剖字句的功夫，至此而极详。宋人所谓"注疏"

的文体，便成立在这时代。后来清代的精详的考证文，就是从这里变化出来的。

不过佛典只是佛典，义疏只是义疏，当时没有人将这些当作"文"的。"文"只用来称"沉思翰藻"的作品。但"沉思翰藻"的"文"，渐渐有人嫌"浮""艳"了。"浮"是不直说、不简洁说的意思。"艳"正是隋代李谔《上文帝书》中所指斥的："连篇累牍，不出月露之形；积案盈箱，唯是风云之状。"那时北周的苏绰是首先提倡复古的人，李谔等纷纷响应。但是他们都没有找到路子，死板地模仿古人到底是行不通的。唐初，陈子昂提倡改革文体，和者尚少。到了中叶，才有一班人"宪章六艺，能探古人述作之旨"（李舟《独孤常州集序》），而元结、独孤及、梁肃最著。他们作文，主于教化，力避排偶，辞取朴拙。但教化的观念，广泛难以动众，而关于文体，他们不曾积极宣扬，因此未成宗派。开宗派的是韩愈。

韩愈，邓州南阳（今河南南阳）人。唐宪宗时，他做刑部侍郎，因谏迎佛骨被贬，后来官至吏部侍郎，所以称为韩吏部。他很称赞陈子昂、元结复古的功劳，又曾请教过梁肃、独孤及。他的脾气很坏，但提携后进，最是热肠。当时人不愿为师，以避标榜之名；他却不在乎，大收其弟子。他可不愿作章句师，他说师是"传道、授业、解惑"的（《师说》）。他实在是以文辞为教的创始者。他所谓"传道"，便是传尧、舜、禹、汤、文、武、周公、孔子、孟子的道；所谓"解惑"，便是排斥

◆ "连篇……之状"意为：（文章）一篇接着一篇，冗长烦琐，（书籍）堆满桌子、装满箱子，但这些文章、书籍大都是吟弄风月的空泛之作。

◆ 宪章：效法。

◆ 六艺：即《易经》《尚书》《诗经》《礼记》《乐经》《春秋》六经，也称"六经"。

◆ 章句：分析解释古文的章节和句子，是经学家解说经义的一种方式。

◆距：拒绝、反对。

◆杨、墨：即杨朱和墨翟。

◆司马相如（约前179—前118）：西汉辞赋家。代表作品有《子虚赋》《上林赋》等。

◆"惟古……剽贼"意为：古代的人写文章的文辞都是自己创造的，后来的人不能创造新词，就只好剽窃前人的了。

◆"惟陈……难哉"意为：写文章务必要去除陈词滥调，但要做到又何其艰难！

◆私淑：敬重某人为师，但不能直接跟从其受业的人的自称。

佛、老。他是以继承孟子自命的；他排佛、老，正和孟子的距杨、墨一样。当时佛、老的势力极大，他敢公然排斥，而且因此触犯了皇帝（《谏迎佛骨表》触怒宪宗，被贬为潮州刺史）。这自然足以惊动一世。他并没有传了什么新的道，却指示了道统，给宋儒开了先路。他的重要的贡献，还在他所提倡的"古文"上。

他说他作文取法《尚书》《春秋》《左传》《周易》《诗经》以及《庄子》《楚辞》《史记》、扬雄、司马相如等。《文选》所不收的经、子、史，他都排进"文"里去。这是一个大改革、大解放。他这样建立起文统来。但他并不死板地复古，而以变古为复古。他说："惟古于辞必己出，降而不能乃剽贼"（《樊绍述墓志铭》），又说："惟陈言之务去，戛戛乎其难哉"（《答李翊书》）；他是在创造新语。他力求以散行的句子换去排偶的句子，句逗总弄得参参差差的。但他有他的标准，那就是"气"。他说："气盛则言之短长与声之高下者皆宜"（《答李翊书》）；"气"就是自然的语气，也就是自然的音节。他还不能跳出那定体"雅言"的圈子而采用当时的白话；但有意地将白话的自然音节引到文里去，他是第一个人。在这一点上，所谓"古文"也是不"古"的；不过他提出"语气流畅"（气盛）这个标准，却给后进指点了一条明路。他的弟子本就不少，再加上私淑的，都往这条路上走，文体于是乎大变。这实在是新体的"古文"，宋代又称为"散文"——算成立在他的手里。

柳宗元与韩愈，宋代并称，他们是好朋友。柳作文取法《书》《诗》《礼》《春秋》《易》以及《谷梁》《孟》《荀》《庄》《老》《国语》《离骚》《史记》，也将经、子、史排在"文"里，和韩的文统大同小异。但他不敢为师，"摧陷廓清"的劳绩，比韩差得多。他的学问见解，却在韩之上，并不墨守儒言。他的文深幽精洁，最工游记；他创造了描写景物的新语。韩愈的门下有难、易两派。爱易派主张新而不失自然，李翱是代表。爱难派主张新就不妨奇怪，皇甫湜是代表。当时爱难派的流传盛些。他们矫枉过正，语艰意奥，扭曲了自然的语气、自然的音节，僻涩诡异，不易读诵。所以唐末宋初，骈体文又回光返照了一下。雕琢的骈体文和僻涩的古文先后盘踞着宋初的文坛，直到欧阳修出来，才又回到韩愈与李翱，走上平正通达的古文的路。

韩愈抗颜为人师而提倡古文，形势比较难；欧阳修居高位而提倡古文，形势比较容易。明代所称唐宋八大家（茅坤有《唐宋八大家文钞》，从此"唐宋八大家"成为定论），韩、柳之外，六家都是宋人。欧阳修为首，以下是曾巩、王安石、苏洵和他的儿子苏轼、苏辙。曾巩、苏轼是欧阳修的门生，别的三个也都是他提拔的。他真是当时文坛的盟主。韩愈虽然开了宗派，却不曾有意地立宗派；欧、苏是有意地立宗派。他们虽也提倡道，但只促进了并且扩大了古文的发展。欧文主自然。他所作纡徐曲折，而

◆李翱（772—836）：唐散文家、思想家。文风平易。所作《来南录》，是传世很早的日记体文章。

◆皇甫湜（约777—约835）：唐文学家。文章刻意追求怪、奇，因此多艰涩难懂。

◆抗颜：正色，态度严正。

能条达疏畅，无艰难劳苦之态；最以言情见长，评者说是从《史记》脱化而出。曾学问有根柢，他的文确实而谨严；王是政治家，所作以精悍胜人。三苏长于议论，得力于《战国策》《孟子》；而苏轼才气纵横，并得力于《庄子》。他说他的文"随物赋形""常行于所当行，常止于不可不止"（《文说》）；又说他意到笔随，无不尽之处（何薳《春渚纪闻》中东坡事实）。这真是自然的极致了。他的文，学的人最多。南宋有"苏文熟，秀才足"的俗谚（陆游《老学庵笔记》），可见影响之大。

欧、苏以后，古文成了正宗。辞赋虽还算在古文里头，可是从辞赋出来的骈体却只拿来作应用文了。骈体声调铿锵，便于宣读，又可铺张词藻不着边际，便于酬酢，作应用文是很相宜的。所以流传到现在，还没有完全死去。但中间却经过了散文化，自从唐代中叶陆贽开始。他的奏议切实恳挚，绝不浮夸，而且明白晓畅，用笔如舌。唐末，骈体的应用文专称"四六"，却更趋雕琢；宋初还是如此。转移风气的也是欧阳修。他多用虚字和长句，使骈体稍稍近于语气之自然。嗣后群起仿效，散文化的骈文竟成了定体了。这也是古文运动的大收获。❶

唐代又有两种新文体发展。一是语录，一是"传奇"，都是佛家的影响。语录起于禅宗。禅宗

◆随物赋形：写文章时能依据所要描写的事物自如地变化文章的体裁、风格、长短等。

◆《春渚纪闻》：宋代笔记，多记艺文琐事。

◆酢，zuò。酬酢：应酬交往。

◆陆贽（754—805）：唐大臣、政论家。中唐骈文代表，所作奏议多用排偶，条理精密，文笔流畅。

◆四六：字句两两相对成篇的一种文体，多以四字六字相间为句，世称"骈四俪六"，代表作有李商隐的《四六甲乙集》。

◆禅宗：中国佛教中主张修习禅定的宗派，著名弟子有慧能、神秀等。至唐后期，禅宗几乎取代其他佛教宗派，成为佛学的同义词，并影响宋明理学。

---

❶ 欧阳修的《秋声赋》以散文为主，间用骈偶，句式整齐而富于变化，是这类文赋的代表作，详见课后延展阅读：《秋声赋》。

是革命的宗派，他们只说法而不著书。他们大胆地将师父们的话参用当时的口语记下来。后来称这种体制为语录。他们不但用这种体制纪录演讲，还用来通信和讨论。这是新的记言的体制；里面夹杂着"雅言"和译语。宋儒讲学，也采用这种记言的体制，不过不大夹杂译语。宋儒的影响究竟比禅宗大得多，语录体从此便成立了，盛行了。传奇是有结构的小说。从前只有杂录或琐记的小说，有结构的从传奇起头。传奇记述艳情，也记述神怪，但将神怪人情化。这里面描写的人生，并非全是设想，大抵还是以亲切的观察作底子。这开了后来佳人才子和鬼狐仙侠等小说的先路。它的来源一方面是俳谐的辞赋，一方面是翻译的佛典故事；佛典里长短的寓言所给予的暗示最多。当时文士作传奇，原来只是向科举的主考官介绍自己的一种门路。当时应举的人在考试之前，得请达官将自己姓名介绍给主考官；自己再将文章呈给主考官看。先呈正经文章，过些时再呈杂文如传奇等，传奇可以见史才、诗、笔、议论，人又爱看，是科举的很好媒介。这样，作者便日见其多了。

到了宋代，又有"话本"。这是白话小说的老祖宗。话本是"说话"的底本；"说话"略同后来的"说书"，也是佛家的影响。唐代佛家向民众宣讲佛典故事，连说带唱，本子夹杂"雅言"和口语，叫作"变文"；"变文"后来也有说唱历史故事及社会故事的。"变文"便是"说话"的源头；"说话"里也还有演说佛典这一派。"说话"是平

◆语录体：发端于《论语》，在宋代大兴，代表作有《朱子语类》，是南宋朱熹讲学语录的分类汇编。《朱子语类》篇幅巨大，共一百四十卷，在行文上则吸收借鉴禅宗的口语化、平易化的语录体形式。

◆"从前……起头"：两晋南北朝时期的志怪小说是唐传奇的前身。在这一时期，文人还没有创作小说的自觉意识，志怪小说大多只是对各类怪异故事的记录，并无文学加工，像《搜神记》《拾遗录》就是这类作品的代表。相比之下，唐传奇小说更重文学性，也有了更宏大的篇制和更完整的小说结构，如《古镜记》《南柯太守传》《李娃传》《绿珠传》等。

◆俳谐：诙谐滑稽的言辞。

民的艺术，宋仁宗很爱听，以后便变为专业，大流行起来了。这里面有说历史故事的，有说神怪故事的，有说社会故事的。"说话"渐渐发展，本来由一个或几个同类而不相关联的短故事，引出一个同类而不相关联的长故事的，后来却能将许多关联的故事组织起来，分为"章回"了。这是体制上一个大进步。

话本留存到现在的已经很少，但还足以见出后世的几部小说名著，如元罗贯中的《三国志演义》，明施耐庵的《水浒传》，吴承恩的《西游记》，都是从话本演化出来的；不过这些已是文人的作品，而不是话本了。就中《三国志演义》还夹杂着"雅言"，《水浒传》和《西游记》便都是白话了。这里除《西游记》以设想为主外，别的都可以说是写实的。这种写实的作风在清代曹雪芹的《红楼梦》里得着充分的发展。《三国志演义》等书里的故事虽然是关联的，却不是联贯的。到了《红楼梦》，组织才更严密了；全书只是一个家庭的故事。虽然包罗万有，而能"一以贯之"。这不但是章回小说，而且是近代所谓"长篇小说"了。白话小说到此大成。

明代用八股文取士，一般文人都镂心刻骨地去简炼揣摩，所以极一代之盛。"股"是排偶的意思；这种体制，中间有八排文字互为对偶，所以有此称。——自然也有变化，不过"八股"可以说是一般的标准。——又称为"'四书'文"，因为考试里最重要的文字，题目都出在"四书"里。又

◆元罗贯中：现在一般认为罗贯中是元末明初人（约1330—约1400）。

◆明施耐庵：生卒年不详，现在一般认为是元末明初人。

◆《三国志演义》：即《三国演义》。

◆四书：《大学》《中庸》《论语》《孟子》的合称。

称为"制艺",因为这是朝廷法定的体制。又称为"时文",是对古文而言。八股文也是推演经典辞意的;它的来源,往远处说,可以说是南北朝义疏之学,往近处说,便是宋、元两代的经义。但它的格律,却是从"四六"演化的。宋代定经义为考试科目,是王安石的创制;当时限用他的群经"新义",用别说的不录,元代考试,限于"四书",规定用朱子的章句和集注。明代制度,主要的部分也是如此。

经义的格式,宋末似乎已有规定的标准,元、明两代大体上递相承袭。但明代有两种大变化:一是排偶,一是代古人语气。因为排偶,所以讲究声调。因为代古人语气,便要描写口吻;圣贤要像圣贤口吻,小人要像小人的。这是八股文的仅有的本领,大概是小说和戏曲的不自觉的影响。八股文格律定得那样严,所以得简炼揣摩,一心用在技巧上。除了口吻、技巧和声调之外,八股文里是空洞无物的。而因为那样难,一般作者大都只能套套滥调,那真是"每下愈况"了。这原是君主牢笼士人的玩意儿,但它的影响极大;明、清两代的古文大家几乎没有一个不是八股文出身的。

清代中叶,古文有桐城派,便是八股文的影响。诗文作家自己标榜宗派,在前只有江西诗派,在后只有桐城文派。桐城派的势力,绵延了二百多年,直到民国初期还残留着;这是江西派比不上的。桐城派的开山祖师是方苞,而姚鼐集其大成。他们都是安徽桐城人,当时有"天下文章在桐城"

◆ 群经"新义":即《诗》《书》《周礼》三经新义。

◆ 朱子的章句和集注:即南宋朱熹的《四书章句集注》。

◆ 江西诗派:宋文学流派。以在诗坛影响很大的黄庭坚为中心,"江西"指黄庭坚,其他作者不都是江西人。在南宋前期和清代后期曾有过较大影响。

◆ 方苞(1668—1749):清散文家、学者。与刘大櫆(1698—1779)、姚鼐(1732—1815)并称"桐城派三祖"。

◆归有光（1507—1571）：明文学家。以古文著称。清人已将其与王慎中、唐顺之、茅坤并论，近人称他们为"唐宋派"。

◆《国策》：即《战国策》。

◆"'义'是……条目"大意为："义"是文章的内容和作者的观点，"法"是文章的写作方法和技巧。

◆尺牍：代指书信。因写于一尺长的木简上，故名。

的话（周书昌语，见姚潮《刘海峰先生八十寿序》），所以称为桐城派。方苞是八股文大家。他提倡归有光的文章，归也是明代八股文兼古文大家。方是第一个提倡"义法"的人。他论古文以为"六经"和《论语》《孟子》是根源，得其枝流而义法最精的是《左传》《史记》，其次是《公羊传》《谷梁传》《国语》《国策》，两汉的书和疏，唐宋八家文（《古文约选·序例》）——再下怕就要数到归有光了。这是他的，也是桐城派的文统论。"义"是用意，是层次；"法"是求雅、求洁的条目。雅是纯正不杂，如不可用语录中语、骈文中丽语、汉赋中板重字法、诗歌中俊语、《南史》《北史》中佻巧语以及佛家语。后来姚鼐又加上注疏语和尺牍语。洁是简省字句。这些"法"其实都是从八股文的格律引申出来的。方苞论文，也讲"阐道"（见雷鋐《卜书》）；他是信程、朱之学的，不过所入不深罢了。

方苞受八股文的束缚太甚，他学得的只是《史记》和欧、曾、归的一部分，只是严整而不雄浑，又缺乏情韵。姚鼐所取法的还是这几家，虽然也不雄浑，却能"迂回荡漾，馀味曲包"（吕璜纂《吴德旋初月楼古文绪论》），这是他的新境界。《史记》本多含情不尽之处，所谓远神的。欧文颇得此味，归更向这方面发展——最善述哀，姚简直用全力揣摩。他的老师刘大櫆指出作文当讲究音节，音节是神气的迹象，可以从字句下手（刘大櫆《论文偶记》）。姚鼐得了这点启示，便从音节上用力，去求得那绵邈的情韵。他的文真是所谓"阴与柔之美"（姚鼐《复鲁絜非书》）。他最主张诵读，又最讲究虚助字，都是为此。但这分明是八股文讲究声调的转变。刘是雍正副榜，姚是乾隆进士，都是用功八股文的。当时汉学家提倡考据，不免繁琐的毛病。姚鼐因此主张义理、考据、词章三端相济，偏废的就是"陋"儒（《述庵文钞序》，又《复秦小岘书》）。但他的义理不深，考据多误，所有的还只是词章本领。他选了《古文辞类纂》；序里虽提到"道"，书却只成为古文的典范。书中也不选经、子、史；经也因为太尊，子、史却因为太多。书中也选辞赋。这部选本是桐城派的经典，学文的必由于此，也只须由于此。方苞评归有光的文庶几"有序"，但"有物之言"太少（《书震川文集后》）。曾国藩评姚鼐也说一样的话，其实桐城派都是如此。攻击桐城派的人说他们空疏浮浅，说他们范围太窄，全不错；但他们组织的技巧，言情的技巧，也是不可抹杀的。

姚鼐以后，桐城派因为路太窄，渐有中衰之势。这时候仪征阮元提倡骈文正统论。他以《文选序》和南北朝"文""笔"的分别为根据，又扯上传为孔子作的《易·文言传》。他说用韵用偶的才是文，散行的只是笔，或是"直言"的"言"，"论难"的"语"（根据《说文》言部）。古文以立意、记事为宗，是子、史正流，终究与文章有别。《文言传》多韵语、偶语，所以孔子才题为"文"言。阮元所谓韵，兼指句末的韵与句中的

◆"义理……相济"：要求文章要表达一定的道理，并且有坚实的事实证据，同时也要文采斐然。

◆庶几：近似；差不多。

◆言情：抒情。

◆仪征：地名，位于江苏扬州。

◆"文""笔"的分别：南北朝时期曾有"文笔之辨"的文学讨论。"文笔"原是泛指各种文体，自魏晋以来，逐渐区分"文"和"笔"。

◆论难：辩论诘难。

◆句末的韵：指韵脚。

◆句中的"和"：指章句中的平仄。

"和"而言（阮元《文言说》及《与友人论古文书》）。原来南北朝所谓"文""笔"，本有两义："有韵为文，无韵为笔"，是当时的常言（《文心雕龙·总术》）。——韵只是句末韵。阮元根据此语，却将"和"也算是韵，这是曲解一。梁元帝说有对偶、谐声调的抒情作品是文，骈体的章奏与散体的著述都是笔（《金楼子·立言篇》）。阮元却只以散体为笔，这是曲解二。至于《文言传》，固然称"文"，却也称"言"，况且也非孔子所作——这更是附会了。他的主张，虽然也有一些响应的人，但是不成宗派。

　　曾国藩出来，中兴了桐城派。那时候一般士人，只知作八股文；另一面汉学、宋学的门户之争，却越来越厉害，各走偏锋。曾国藩为补偏救弊起见，便就姚鼐义理、考据、词章三端相济之说加以发扬光大。他反对当时一般考证文的芜杂琐碎，也反对当时崇道贬文的议论，以为要明先王之道，非精研文字不可；各家著述的见道多寡，也当以他们的文为衡量的标准。桐城文的病在弱在窄，他却能以深博的学问、弘通的见识、雄直的气势，使它死回生。他才真回到韩愈，而且胜过韩愈。他选了《经史百家杂钞》，将经、史、子也收入选本里，让学者知道古文的源流，文统的一贯，眼光便比姚鼐远大得多。他的幕僚和弟子极众，真是登高一呼，群山四应。这样延长了桐城派的寿命几十年。

　　但"古文不宜说理"（曾国藩《复吴南屏书》："仆尝谓古文之道，无施不可，但不宜说理耳。"），从韩愈就如此。曾国藩的力量究竟也没有能够补救这个缺陷于一千年之后。而海通以来，世变日亟，事理的繁复，有些绝非古文所能表现。因此聪明才智之士渐渐打破古文的格律，放手作去。到了清末，梁启超先生的"新文体"可算登峰造极。他的文"时杂以俚语、韵语及外国语法，纵笔所至不检束，学者竞效之。"而"条理明晰，笔锋常带情感，对于读者，别有一种魔力。"（梁启超《清代学术概论》）但这种"魔力"也不能持久；中国的变化实在太快，这种"新文体"又不够用了。胡适之先生和他的朋友们这才起来提倡白话文，经过五四运动，白话文是畅行了。这似乎又回到古代言文合一的路。然而不然。这时代是第二回翻译的大时代。白话文不但不全跟着国语的口语走，也不全跟着传统的白话走，却有意地跟着翻译的白话走。这是白话文的现代化，也就是国语的现代化。中国一切都在现代化的过程中，语言的现代化也是自然的趋势，并不足怪的。

（选自《朱自清全集》第六卷）

延展阅读

《老子》两章
节选自《老子》

第八章

【原文】

上善若水,水善利万物而不争。处众人所恶,故几于道。居善地,心善渊,与善仁,言善信,正善治,事善能,动善时。夫唯不争,故无尤。

【译文】

最高尚的品德就像水,水能够惠泽万物,却从不与万物相争。它安于众人嫌弃的低洼之处,所以接近道的境界。圣人像水一样:处于低位,思想深邃莫测,与人相交尽显仁爱,言辞恳切诚实,为政善于治理,处事能力非凡,行动能把握好时机。他们正因为不参与争斗,所以不会有祸患。

第八十一章

【原文】

信言不美,美言不信。善者不辩,辩者不善。知者不博,博者不知。圣人不积:既以为人,己愈有;既以与人,己愈多。天之道,利而不害;人之道,为而弗争。

【译文】

诚实的话语往往不好听,好听的话往往不诚实;好人不擅长辩论，擅长辩论的人品德未必好；有见识的人不追求知识的广博，追求广博知识的人不一定有真正的见识。圣人不积攒财物和名声，全心全意为他人付出，自己反而更富有；尽全力给予他人，自己反而更充实。自然的规律是施利于万物而不损害它们；圣人的行事准则是只助力他人而不与人相争。

秋声赋
[北宋] 欧阳修

【原文】

欧阳子方夜读书，闻有声自西南来者。悚然而听之，曰："异哉！"初淅沥以萧飒，忽奔腾而砰湃，如波涛夜惊，风雨骤至。其触于物也，鏦鏦铮铮，金铁皆鸣；又如赴敌之兵，衔枚疾走，不闻号令，但闻人马之行声。予谓童子："此何声也？汝出视之。"童子曰："星月皎洁，明河在天，四无人声，声在树间。"

予曰："噫嘻悲哉！此秋声也，胡为而来哉？盖夫秋之为状也，其色惨淡，烟霏云敛；其容清明，天高日晶；其气栗冽，砭人肌骨；其意萧条，山川寂寥。故其为声也，凄凄切切，呼号愤发。丰草绿缛而争茂，佳木葱茏而可悦，草拂之而色变，木遭之而叶脱。其所以摧败零落者，乃其一气之余烈。

夫秋，刑官也，于时为阴；又兵象也，于行用金；是谓天地之义气，常以肃杀而为心。天之于物，春生秋实。故其在乐也，商声主西方之音，夷则为七月之律。商，伤也，物既老而悲伤；夷，戮也，物过盛而当杀。

嗟乎！草木无情，有时飘零。人为动物，惟物之灵，百忧感其心，万事劳其形，有动于中，必摇其精。而况思其力之所不及，忧其智之所不能，宜其渥然丹者为槁木，黟然黑者为星星。奈何以非金石之质，欲与草木而争荣？念谁为之戕贼，亦何恨乎秋声！"

童子莫对，垂头而睡。但闻四壁虫声唧唧，如助予之叹息。

【译文】

欧阳先生夜里正在读书，（忽然）听到有声音从西南方向传来。（他）惊悚地去听那个声音，说道："奇怪呀！"刚开始是淅淅沥沥、萧萧飒飒的声响，忽然间变得奔腾澎湃，如同波涛在夜里猛然涌起，又好像风雨骤然来临。那声音碰到物体上，发出铮铮的金属撞击声，好像金属器件都在鸣叫；又好像奔赴敌阵的士兵，嘴里衔着小木棍急速行进，听不到发号施令的声音，只听到人马行进的声音。我对童子说："这是什么声音呀？你出去看看。"童子回答说："星星和月亮明亮洁白，银河高悬在天上，四周没有人的声音，那声音是从树林间传来的呀。"

我说："唉，可悲呀！这是秋天的声音呀，它为什么会出现呢？大概秋天呈现出的情状是这样的，它的天色是暗淡无光的，烟雾飘散，云气收敛；它的容貌是清爽明朗的，天空高远，阳光明亮；它的气候寒冷凛冽，能刺入人的肌骨；它的意境是冷落萧条的，山河大地一片寂静空旷。所以它发出的声音，凄凄惨惨、切切呜呜，像是在呼喊号叫，愤懑喷发。（回想）繁茂的野草在春夏时节是那样翠绿繁茂，争相比美，美好的树木也是郁郁葱葱，十分令人愉悦，可是秋风一旦吹拂它

第四课　句与文

们，它们的颜色就会改变，树木遇到秋风，树叶就会掉落。它们之所以凋零衰败，是因为秋风的余威啊。

秋天，是职掌刑法、狱讼的司寇所象征的季节，在时令上属于阴；（秋天）又象征着用兵征伐，在五行中属金；这就是所说的天地间的刚正之气，常常把肃杀当作自己的本心。上天对于万物，是春天让它们生长，秋天让它们结果实。所以在音乐方面，商声代表西方的音调，夷则是七月的音律。商，就是悲伤的意思，万物到了衰老的时候就会悲伤；夷，就是杀戮的意思，万物过于兴盛了就应当被杀伐。

唉！草木是没有情感的，到了一定时节就会飘零凋落。人是有灵性的动物，是万物中最具灵性的，各种各样的忧愁触动他的内心，无数的琐事劳累他的身体，内心一旦被触动，必然会损耗他的精神。更何况去思考自己能力所达不到的事情，忧虑自己智慧所不能解决的问题，这样的话，原本红润的面容变得像枯槁的树木一样，原本乌黑的头发变得花白。为什么要用并非金石般坚固的体质，想要和草木去争荣呢？想想是什么伤害了自己，又何必去怨恨这秋天的声音呢！"

童子没有回应，低着头睡着了。只听到四周墙壁下虫子唧唧鸣叫的声音，好像在附和着我的叹息。

欧阳修像

新语言

主讲人 朱自清

　　新文学运动的提倡者胡适之先生觉得我们的国语太贫弱了，曾经提出"文学的国语"的口号；这是和"国语的文学"的口号联带着提出的。"国语的文学"是对古文学说的，一般的看法，和"白话文学"或"新文学"意义一样。在这个意义下的"国语的文学"，现在可以说是成立了；有人觉得"国语的文学"现在已不必叫作"新文学"，应该叫作"现代中国文学"或"现代文学"了。这个意见很对，相信可以得到公认。但那"文学的国语"却似乎还在争辩之中，没有稳定的地位。固然，现代中国文学所用的语言百分之九十几是所谓欧化的语言；现代中国文学如果已经被公认，那种所谓欧化的语言似乎也该随同着被公认的。可是这里面还有复杂的情形。第一，现代中国文学所以可能被公认，只因为它是白话的；但那种白话够"白"不够"白"，意见便不一样。第二，文学里的白话能不能，该不该，被认为一般的国语，意见也许更多。所以我们还只能很谨慎地称现代中国文学所用的白话为"新语言"，正和白话文学初期我们只敢，只能称它为"新文学"一样。但相信这

◆ 周启明：即周作人，中国现代作家，鲁迅胞弟。

◆ 民国七年：即1918年。

◆《小说月报》：近代小说月刊。自1921年起，由沈雁冰等人主编，全面革新，成为新文学家的重要阵地，积极介绍外国文学理论和文学思潮，发表过许多有影响的作品和理论。

◆ 大众语的讨论：1934年掀起的文体改革运动。旨在让白话文写作更贴近大众口语。大众语论者对五四以来很多白话文学作品滥用外文文法、夹杂大量文言字句的现象进行了批评，推动了白话文的大众化。

◆ 宋阳：即瞿秋白（1899—1935），笔名宋阳，中国共产党早期领导人之一，理论家、文学家、翻译家。

种"新语言"会逐渐得着它的国语或"文学的国语"的地位的。

　　第一个创造这种新语言的，我们该推周启明先生。他提倡"直译"；在他的第一部翻译的短篇小说集"点滴"的序里，他说，译本"应竭力保存原作的风气习惯语言条理"。他的译笔虽然"中不像中，西不像西"，可是能够表达现代人的感情思想，而又不超出中国语言的消化力或容受量。虽然"不像中"，可是合式。❶他的这种新语言或新文体，对于后来执笔写作的人，可以说是有压倒的影响。但他主张的"直译"，在后来的翻译界的影响却很坏；许多幼稚的译者只抱着"逐字译""逐句译"的话，结果真成了所谓"硬译""死译"。关于这种新语言的讨论，新文学运动以来，是随时有的。但有三次更其认真些。第一次记得是在民国七年，《小说月报》的编者沈雁冰先生提出"欧化"问题，请读者讨论。参加的似乎不少。结论大约是"欧化不妨，欧化过度却不好"。这个"度"就是上文所谓"合式"；这是不能用数量规定的，只好用"受过中等教育的人所公认的"一个宽泛的标准。第二次是大众语的讨论。这里面有政治背景，不全站在语言的立场上。主张大众语的人，主张用"农工大众的用语"；他们攻击"欧化的绅士的语言"。不幸的是，这些人在讨论的时候，还用着那"欧化的绅士的语言"。提出大众语这问题的宋阳（瞿秋

---

❶ 详见课后延展阅读：《卖火柴的女儿》。

第四课　句与文

白）先生并且指出现在小学教科书里也用着"欧化的"语言。他痛恨这种现象，但他不能不承认这种事实的存在。这见出所谓欧化的语言的影响是多么大。这回讨论，后来移转论点到拉丁化问题上。拉丁化似乎已有相当影响，可惜不知其详。至于用汉字表现的语言，是始终在"欧化"着。第三次是语录体的讨论。主张的人是林语堂先生和他的信徒。他们似乎觉得所谓欧化的语言不如口语夹文言来得亲切自在。但这个讨论不久就过去了，语录体并没有复活的征兆；用它的怕只剩了林先生一个人。

　　这里所谓欧化，似乎专指，至少偏重，中国语言采用欧洲语，特别是指英语的文法而言。但欧化的意义不止在文法上。陈西滢先生批评徐志摩先生的诗文，说他的欧化不是平常的欧化，他的字都在纸上活跃着。陈先生所指的大约是徐先生许多新鲜活泼的隐喻。但徐先生并且能够支持他的想象力，不粘着在一时一地一个人的狭窄的实生活上，构成他理想中的楼阁，如《死城》❶那篇散文便是的。这是新的思想样式或感觉样式，也是"欧化的"。在这两方面"欧化"我们的语言的，徐先生是第一个该推荐的人。此外，还有辞汇的"欧化"，这里我只想举出"创造社"几位作家。他们那时爱用欧洲神话和历史里的典故，胡适之先生曾

◆拉丁化问题：大众语运动中针对汉字难学，有人提出了汉字改革问题，旨在改革文字、促进普及，涉及废除汉字和大众语拉丁化。朱自清认为完全废汉字不可行，汉字旁加注音字母似乎可行。20世纪20年代末至30年代初中国拟订了"中国的拉丁化新文字方案"，1934年大众语运动讨论中，经叶籁士等人介绍，简单易学的拉丁化新文字逐渐推广，一直沿用至1958年汉语拼音方案公布。

◆林语堂（1895—1976）：中国现代作家、翻译家。先后编辑《论语》《人间世》《宇宙风》等颇有影响力的刊物，写作方面提倡"闲适幽默"小品和半文半白的"语录体"。

◆陈西滢（1896—1970）：中国现代作家。

◆创造社：文学社团。由留学日本的郭沫若、郁达夫、张资平、郑伯奇等人发起。

❶　这篇散文创作于1928年底，是一组以"廉枫"为主角的系列小说中的一篇。其中既吸收了西方意识流的写法，又有徐志摩散文抒情的风格，是思想或感觉样式欧化的成功之作，详见课后延展阅读：《死城——北京的一晚（节选）》。

指为"新典主义";又爱用科学名词。"新典主义"似乎无人承继,但科学名词,写作的人爱用的像是不少。这三种"欧化",并不只是好奇,为"欧化"而"欧化";这些都是现代生活反映在语言里,都是不得不然。我们都知道,我们的国家在现代化,我们的军队在现代化;谁都觉得这是必要的,而且是不得不然的。语言的"欧化",在适应和发展现代生活上也是必要的,不得不然的。只看上文所述第二次第三次的讨论,特别是第二次大众语的讨论,力量相当雄厚,都不能抵抗那个"欧化"的潮流,便明白了。便是拉丁化运动,至多也只在初期能够多少避免"欧化",万一真个普遍化,连受过高级教育的人都用的话,那也是一定要"欧化"的,不过方式也许不全和现在进行的一样。所以语言的"欧化"实在该称为语言的现代化,那才名实相副呢。

上文所举出的语言的四种现代化,末一种反映着科学的发展,工业的发展。中间两种反映着个人主义的发展;不甘受传统的限制和束缚,自己去开辟新世界。我们的文艺史里,有所谓"正"和"变";那个"变"也是开辟新世界,不过因为社会的变是渐渐的,是小小的,所开辟的新世界也就不大。这回可不然了。我们接触了工业的文化,社会情形差不多来了个剧烈的突变,语言也便来了个突变,和传统比着看,似乎差了十万八千里。但和现代生活对照,这却是合式的。那第一种文法的现代化,其实该说,文法的部分的现代化,反映着分

◆合式:同"合适"。

析的精神的发展。日本谷崎润一郎写过一部"文章读本",也是讨论这个问题的。他们语言的发展和我们的有同样的情形。谷崎反对"欧化",提倡所谓"和文调"。但他明白"欧化的"语言是确切鲜明的表现,日本语是不适于记述西洋输入的科学哲学法律等学问的。他也明白现在学生,虽小学校的幼童,也用科学方法教育;他们的头脑已习于演绎归纳,所以教语言,非教分析的方法不可。他并且承认,在初学的人,将日本语照西洋式结构,也许容易记些。中国语言的情形正是一样。宋阳先生攻击小学教科书用"欧化的"语言;我们看了谷崎的话,便知那是不得不然。

　　谷崎为笼统的语言辩护,举李白《静夜思》为例。李诗云:"床前明月光,疑是地上霜,举头望明月,低头思故乡。"他说这篇诗所以能有悠久的生命,能诉诸任何时代任何人的心,原因固然很多,而没有主词,动词不表示时间,这两件事关系最大。若在西洋诗,"疑""举""思"等动词,必须加上主词"我";"床""头""故乡"等名词上,也必须加"我的";而那几个动词也许得用过去式。这样,这篇诗便只限于一人一晚所见所感,力量就差得多了。又说有个俄国人要翻他的剧本叫作《要是真爱的话》的,觉得这题目很难翻:倒底谁爱呢?是"我"?是"她"?是"世间一般人"?要言之,这个句子的主体是谁?谷崎告诉他说,按戏讲,主词可以说是"我",可是按理说,限定爱者是"我",意味未免狭窄些。虽然是

◆和文调:朱自清《日本语的欧化》一文中提道,谷崎润一郎说:"日本文章可大别为'流丽''简洁'两派:前者即《源氏物语》派,也就是和文调;后者即非《源氏物语》派,也就是汉文调。"并且谷崎润一郎认为"前一体最能发挥日本文的特长"。

201

"我",同时是"她",是"世间一般人",是别的任何人,都行;这样,气象就广阔。尽量模糊,于具体的半面中含有一般性;关于特别的事情的话,可以有格言和谚语之广之重之深;要是可能,翻成俄语,也还是不用主词的好。谷崎的话很巧妙,但细按起来,实在似是而非。中国古诗和西洋诗的不同,绝不仅仅在文法上;两者之中,思想和感觉的样式相差是很远的。西洋也有"能诉诸任何时代任何人的心"的诗,句子有主词,动词表示时间,这两件事都不妨碍它是好诗。诗本不是分析的;中西诗的相异绝不在笼统与分析上。谷崎可以说是无的放矢。这是一。至于他那个剧本的题目,似乎还是有主词的好。剧本到底不是诗,诗不妨"模糊"些,不妨含蓄些,剧本,一般的剧本,反正要说得够清楚的,装上个诗味的题目,叫人天涯地角地去想,真是多馀。譬如他这剧本"要是真爱的话",看题目时固然可以想着谁爱都成,但一读剧本,知道是"我"爱,那题目的诗味便失去了。在诗里却不同,"模糊"就"模糊"下去,含蓄就含蓄下去,诗人不会将谜底子给你看,你可以老涵泳着那诗味。所以谷崎可以说是踵事增华。这是二。况且文法的现代化,对于一般的语言该比对于文学里语言重要得多,谷崎只就文学立论,也不免是一偏之见。

我国反对语言现代化,特别是文法的现代化的人,大约都着重在一般人难懂这一点上。胡适之先生如此,大众语论者也如此。只有语录派才从亲

◆涵泳:对诗文等作品反复品味、切身体验。

◆踵事增华:文章创作要在继承经典的基础上与时俱进,使之更完善。

切自在着眼。胡先生所提出的"文学的国语",大约是《水浒传》《儒林外史》《红楼梦》的白话,加上官话,加上西洋文学的意境的东西。他很注重明白,易懂,认为是文学三性之二;但没有说明该叫哪些人明白易懂。他最反对所谓象征诗派的新诗,说是大学教授的他都不懂,只能算是"笨谜"罢了。诗是最精的语言,固然要受过好的语言训练,也要性情相近的人才能懂,倒不一定大学教授。懂诗的人比懂散文的要少得多,胡先生却赏识周启明先生的小品散文,那是多少在用着现代化的文法的。他又很注重句子的主词;在《独立评论》八一三号(1935年12月29日)《再论学生运动》一文里,他引《大公报》的短评说:

> 凡中国人而有天良者,对于学生只有感动与悲愧,但不能不劝告"他们"从速复课。……请愿的目的为拥护国权。政府已接受了,表明正在努力。那么,"他们"只有一面监视着政府,一面上课。

这里两个"他们"是胡先生给补上的。句子必有主词才清楚,正是文法现代化的一件。可见得除某些诗外,胡先生对于文法现代化,是相当的宽容的!而且他有时候觉得这样办倒可以使文字清楚些。他是一个提倡分析的人,所以能够如此。

大众语论者攻击语言的现代化,我可以举一个例:

> 现在颇有些人看不起民间故事以及说书先生的表现方式,以为这是平易庸俗。他们务

◆象征诗派:受法国象征诗派影响形成的一个诗歌流派,代表人物有李金发等。在诗歌创作上,崇尚朦胧晦涩,认为"诗是必须有谜"。

求新奇，竭力模仿着西洋的一些徒有"形式"的作家；结果是即使满篇是大众语的单字，但连结而成为一篇的时候便成为大众所不懂的怪天书了。"大叫一声"这表现的"方式"是大众所懂的，然而倘以为平易庸俗而改成为"大声地叫着"，那么即使大众能懂，可是所给与的印象就差得多了。……（恪《懂的问题》，《文学》六卷二号，1936年2月1日）

一个社会里有许多知识的阶层；这些阶层的存在，似乎是永恒的。经济政治的改革也许能将这些阶层减少些，简单化，但是不能将它们统一化。每一阶层各有它的语言；对于自己阶层的语言感到亲切，对于别阶层的感到生疏，有时候不懂，这是自然的。恪先生若意在让我们人人都使用农工大众那阶层的语言，事实上大概不可能。若是说在某种时期，为了某种目的，高的知识阶层得牺牲自己，为低的阶层写作，那自然可以办到，只要这些写作的人有热诚，有能力。这可也不是人人可以办到的：看最近老舍先生"制作通俗文艺的苦痛"（《抗战文艺》二卷六期，1938年10月15日）就明白。所以说到了"懂"的问题，我们得先定下是哪些人懂的问题。我得声明，本文讨论语言的现代化，是以受过中等教育的人为标准的。小学教科书既经用了现代化的语言，如宋阳先生所说，那么，到初中或高中教育完毕，那些学生们对于一般的现代化的语言，（诗除外）大多数总该懂得大部分，这似乎是不成问题的。至于恪先生举的两个句子，所给与的印象确是

◆ "制作通俗文艺的苦痛"：即《制作通俗文艺的苦痛》一文。

差得多;我是说,"大声地叫着"是现代的表现,比笼统的"大叫一声"要确切鲜明些——换句话说,从前"大叫一声"含混着"大声地叫着"的意思,现在有了"大声地叫着",两个意思便各自独立,清楚了,新鲜了,也丰富了。语录派以为现代化的语言不亲切,不自在;其实他们心中的亲切,怕只是个熟,他们心中的自在,怕只是个懒。他们说,"听爸爸的话"甚好,为何却要说"接受父亲的意见"?这下一句是五四运动以后的话,是个人主义的表现,是现代化;这其间反映着一个大变动的社会,怎样可以等类齐观呢?

我们语言的现代化,已经不限于纯文学,它的影响已及于应用的杂文学里,甚至于口语里。如"但一般社会对于一个站在自己两只脚上的女子,却能不把她当作站在丈夫肩膀上的女子看待。"(陈衡哲;《川行琐记》(一),《独立评论》一九〇号,1936年3月1日)这里的思想样式是现代化了的。如"我以为在君……他是用科学知识作燃料的大马力机器。"(胡适:《丁在君这个人》一文中引傅孟真《我所认识的丁文江先生》,《独立评论》一八八号,1936年2月16日)这里是用科学的隐喻。又如"东北小兵"的文字:

  我们希望我们全国的最高领袖,能赶快取"黑山"为墨,取"白水"为纸,取全国民意为毫,加紧写成这历史中最光荣的正段,我们准备用我们的热血,作成这新历史的句读,用我们的头颅,作成这新历史的圈点。(呜

◆ 在君:即丁文江(1887—1936),字在君,中国近代地质学家。

三：《文章以外》一文中引，上海《立报》，1937年4月24日）

这里成套地用隐喻，却很大方。……❶至于句子都有主词，"……是……的"句式的多量采用，更是普遍的现代化的现象。这"……是……的"句式是表现分析的精神的。如"桃红柳绿"是笼统的说法。"桃花是红的，柳树是绿的"，主词、系词、述词，性质分明，是所谓表句，便是分析的说法了。此外，更可注意的，文言也在现代化。……❷文言现代化的结果，相信会完全变成白话；白话现代化的结果相信能够成立我们的国语，"文学的国语"。

（选自《朱自清全集》第八卷）

---

❶ 此处有删减。
❷ 此处有删减。

延展阅读

卖火柴的女儿[1]

[丹麦]安兑尔然[2]著　周作人译

天气很冷；天下雪，又快要黑了，已经是晚上，——是一年最末的一晚。在这寒阴暗中间，一个可怜的女儿，光着头，赤着脚，在街上走。伊从自己家里出来的时候原是穿着鞋，但这有什么用呢？那是很大的鞋，伊的母亲一直穿到现在；鞋就有那么大。这小女儿见路上两辆马车飞奔过来，慌忙跑到对面时，鞋都失掉了。一只是再也寻不着，一个孩子抓起那一只，也拿了逃走了。他说，将来他自己有了小孩，可以当作摇篮用的。所以现在女儿只赤着脚走，那脚已经冻得全然发红发青了。在旧围巾里面，伊兜着许多火柴，手里也拿着一把。整日没有一个人买过伊一点东西，也没有人给伊一个钱。

冻饿得索索的抖着，向前奔走，可怜的女儿！正是一幅穷苦生活的图画。雪片落在美丽的长发——披到两肩的好卷螺发上，但伊并不想到他。街上窗棂里，都明晃晃的点着灯火，发出烧鹅的香味，因为今日正是大年夜了。咦，伊所想的正在这个！

两所房前后接着，其间有一个拐角，伊便在那里，屈身坐下。伊将脚缩紧，但是觉得愈冷了，又不敢回家，因为伊没有卖掉一把火柴，也没有一个钱拿回家去，伊定要受父亲的一顿打，而且家里也冷，因为他们家里只有一个屋顶，大的裂缝虽然用了稻草破布已经塞好，风却仍然呼呼的吹进来。

---

[1] 现在通常译为"卖火柴的小女孩"。
[2] 安兑尔然：今译作安徒生。

伊的小手，几乎冻僵了。倘从柴束里抽出一支火柴，墙上擦着，温温手，该有好处。伊便抽出一支。霎的一声，火柴便爆发烧着了。这是一个温暖光明的火。伊两手笼在上面，正像一支小蜡烛，而且也是一个神异的小火光！女儿此时觉得仿佛坐在一个大火炉的前面，带着明亮的铜炉脚和铜盖。这火烧得何等好！而且何等安适！但小火光熄了，火炉也不见了，只有烧剩的火柴头留在手中。

　　第二支又在墙上擦着。火一发，火光落在墙上，墙便仿佛变了透明，同薄幕一样，伊能见屋里的事情。桌上铺着一块雪白的布，上面放着光亮的晚饭器具，烧鹅肚里满装着频（苹）果干枣，蓬蓬的发出热气。还有更好看的，那鹅跳下盘，在地板上摇摇摆摆的，胸前插着一把刀一把叉，向女儿走来。那时火柴熄了，只有厚实潮湿冰冷的墙，仍在伊的面前。伊又烧起一支火柴。这回伊坐在一株美丽的圣诞节树下，这树比去年伊在那富商家隔着玻璃窗望见的那一株，更加高大，更装饰得好看。一千多支蜡灯，点在绿树枝中间，许多彩色图画，同店头所有的一样，都向上看这灯光。女儿伸出两手向他们，火柴就熄了。圣诞烛渐渐的升高。伊现在再看，却是天上的星。一颗星往下落，曳了一道火光。女儿心里想道，"现在有一个人将死了。"因为伊的祖母——世上唯一爱伊的人，如今已经死了，——常常告诉伊说，凡是一颗星落下，就有一个灵魂升天去了。

　　伊又在墙上，划一支火柴，火发了光，在这亮光里，立着伊的祖母，——清净光明，和善可爱。女儿叫道，"祖母，你带我同去！我晓得火柴熄时，你就要去了。你也要同温暖的炉火，好的烧鹅，美丽的圣诞树一样，就要不见了。"伊忙将整把的火柴擦着，想留住伊的祖母。火柴烧得很猛，比日中还光明，祖母的相貌也很大很美丽，不同平常一样。伊将女儿抱在手里，两个人在光明喜乐中，离开地面，飞得很高，到那没有寒饿忧愁的地方去，——他们是同神在一处了！

但次日清早，女儿仍旧坐在拐角上，靠着墙，两颊绯红，口边带着笑容，——在旧年末夜冻死了。新年的太阳起来，照在一个小死尸上！这孩子坐在那里，冷而且硬，手里拿着火柴，其中一把，已经烧过了。旁边人说，"伊想自己取暖。"但没有人知道伊看见怎样美景，也不知道伊在怎样的灵光中同伊祖母去享新年的欢乐去了。

死城——北京的一晚（节选）
徐志摩

廉枫站在前门大街上发怔。正当上灯的时候，西河沿的那一头还漏着一片焦黄。风算是刮过了，但一路来往的车辆总不能让道上的灰土安息。他们忙的是什么？翻着皮耳朵的巡警不仅得用手指，还得用口嚷，还得旋着身体向左右转。翻了车，碰了人，还不是他的事？声响是杂极了的，但你果然当心听的话，这匀匀的一片也未始没有它的节奏；有起伏，有波折，也有间歇。人海里的潮声。廉枫觉得他自己坐着一叶小艇从一个涛峰上颠渡到又一个涛峰上。他的脚尖在站着的地方不由的往下一按，仿佛信不过他站着的是坚实的地上。

在灰土狂舞的青空兀突着前门的城楼，像一个脑袋，像一个骷髅。青底白字的方块像是骷髅脸上的窟窿，显着无限的忧郁，廉枫从不曾想到前门会有这样的面目。它有什么忧郁？它能有什么忧郁。可也难说，明陵的石人石马，公园的公理战胜碑，有时不也看得发愁？总像是有满肚的话无从说起似的。这类东西果然有灵性，能说话，能冲着来往人们打哈哈，那多有意思？但前门现在只能沉默，只能忍受——忍受黑暗，忍受漫漫的长夜。它即使有话也得过些时候再说，况且它自己的脑壳都已让给蝙蝠们，耗子们做了家，这时候它们正在活动，——它即使能说话也不能说。这年头一座城门都有难言的隐衷，真是的！在黑夜的逼近中，它那壮伟，它那博大，看得多么远，多么孤寂，多么冷。

　　大街上的神情可是一点也不见孤寂，不见冷。这才是红尘，颜色与光亮的一个斗胜场，够好看的。你要是拿一块绸绢盖在你的脸上再望这一街的红艳，那完全另是一番景象。你没有见过威尼市大运河上的晚照不是？你没有见过纳尔逊大将在地中海口轰打拿破仑舰队不是？你也没有见过四川青城山的朝霞，英伦泰晤士河上雾景不是？好了，这来用手绢一护眼看前门大街——你全见着了。一转手解开了无穷的想象的境界，多巧！廉枫搓弄着他那方绸绢，不是不得意他的不期的发见。但他一转身又瞥见了前门城楼的一角，在灰苍中隐现着。

　　进城吧。大街有什么可看的？那外表的热闹正使人想起丧事人家的鼓吹，越喧阗越显得凄凉。况且他自己的心上又横着一大饼的凉，凉得发痛。仿佛他内心的世界也下了雪，路旁的树枝都蘸着银霜似的。道旁树上的冰花可真是美；直条的，横条的，肥的瘦的，梅花也欠他几分晶莹，又是那恬静的神情，受苦还是含着笑。可不是受苦，小小的生命躲在枝干最中心的纤微里耐着风雪的侵凌——它们那心窝里也有一大饼的凉。但它们可不怨；它们明白，它们等着，春风一到它们就可以抬头，它们知道，荣华是不断的，生命是悠久的。

第四课　句与文

　　生命是悠久的。这大冷天，雪风在你的颈根上直刺，虫子潜伏在泥土里等打雷，心窝里带着一饼子的凉，你往哪儿去？上城墙去望望不好吗？屋顶上满铺着银，僵白的树木上也不见恼人的春色，况且那东南角上亮亮的不是上弦的月正在升起吗？月与雪是有默契的。残破的城砖上停留着残雪的斑点，像是无名的伤痕，月光淡淡的斜着来，如同有手指似的抚摩着它的荒凉的伙伴。猎夫星正从天边翻身起来，腰间翘着箭囊，卖弄着他的英勇。西山的屏峦竟许也望得到，青青的几条发丝勾勒着沉郁的暝色，这上面悬照着太白星耀眼的宝光。灵光寺的木叶，秘魔岩的沉寂，香山的冻泉，碧云山的云气，山坳间或有一星二星的火光，在雪意的惨淡里点缀着惨淡的人迹……这算计不错，上城墙去，犯着寒，冒着夜。黑黑的，孤零零的，看月光怎样把我的身影安置到雪地里去。廉枫正走近东交民巷一边的城根，听着美国兵营的溜冰场里的一阵笑响，忽然记起这边是帝国主义的禁地，中国人怕不让上去。果然，那一个长六尺高一脸糟斑守门兵只对他摇了摇脑袋，磨着他满口的橡皮，挺着胸脯来回走他的路。

　　不让进去，辜负了这荒城，这凉月，这一地的银霜。心头那一饼还是不得疏散。郁得更凉了。不到一个适当的境地你就不敢拿你自己尽量的往外放，你不敢面对你自己；不敢自剖。仿佛也有个糟斑脸的把着门哪。他不让进去。有人得喝够了酒才敢打倒那糟斑脸的。有人得仰仗迷醉的月色。人是这软弱。什么都怕，什么都不敢当面认一个清切；最怕看见自己。得！还有什么地方可去的？敢去吗？

　　廉枫抬头望了望星。疏疏的没有几颗。也不显亮。七姊妹倒看得见，挨得紧紧的，像一球珠花。顺着往东去不好吗？往东是顺的。地球也是这么走。但这陌生的胡同在夜晚觉得多深沉，多窈（幽）远。单这静就怕人。半天也不见一副卖萝卜或是卖杂吃的小担。他们那一个小火，照出红是红青是青的，在深巷里显得多可亲，多玲珑，还有他们那叫卖声，虽则有时曳长得叫人听了悲酸，也是深巷里不可少的点缀。就像是空白的墙壁上挂上了字画，不论精粗，多少添上一点人间的趣味。你看他们把担子歇在一家门口，站直了身子，昂着脑袋，咧着大口唱——唱得脖子里筋都暴起了。这来邻近哪家都不能不听见。那调儿且在那空气里转着哪——他们自个儿的口鼻间蓬蓬的晃着一团的白云。

　　今晚什么都没有。狗都不见一只。家门全是关得紧紧的。墙壁上的油灯——一小米的火——活像是鬼给点上的，方便鬼的。骡马车碾烂的雪地，在这鬼火的影映下，都满是鬼意。鬼来跳舞过的。化子们叫雪给埋了。口袋里有的是铜子，要见着化子，在这年头，还有不布施的？静：空虚的静，墓底的静。这胡同简直没有个底。方才拐了没有？廉枫望了望星知道方向没有变。总得有个尽头，赶着走吧。